Titolo originale *The Message*

This edition published by arrangement with One World, an imprint of Random House, a division of Penguin Random House LLC.

www.einaudi.it

ISBN 978-88-06-26868-8

Frontiere Einaudi

Titolo originale *The Message*

This edition published by arrangement with One World,
an imprint of Random House, a division of Penguin Random House LLC.

www.einaudi.it

ISBN 978-88-06-26868-8

Ta-Nehisi Coates

Il messaggio

Traduzione di Norman Gobetti

Einaudi

Ai miei figli, Samori e Chris

Il messaggio

In un'epoca di pace avrei potuto scrivere libri ricercati o meramente descrittivi e restare quasi ignaro dei miei doveri politici. Nella situazione attuale, sono stato costretto a diventare una sorta di pamphlettista.

GEORGE ORWELL, *Perché scrivo*.

I. Il giornalismo non è un lusso

> Anche se non riusciamo ancora a crederci, la vita vera è quella interiore, e i sogni impalpabili delle persone hanno effetti tangibili sul mondo.
>
> JAMES BALDWIN

Compagni,

nell'estate del 2022 sono tornato alla Howard University per insegnare scrittura. Dato che la mia carriera di studente universitario era stata piuttosto mediocre, quell'onore mi intimoriva un po'. Però un onore lo è stato davvero, perché ho conosciuto voi. Il nostro primo seminario si è svolto nei boschi della Virginia, dove, insieme alla mia amica poeta Eve Ewing, abbiamo passato due settimane a leggere, scrivere e confrontarci. Da quando sono giornalista e scrittore ho quasi sempre insegnato, e l'unico lavoro che mi piace piú di insegnare è scrivere. Ma con voi ho scoperto che forse mi piaceva piú insegnare. Non voglio sminuire gli altri studenti che ho avuto in altri periodi e altri luoghi – anche loro erano volenterosi e pieni di talento. Ma noi eravamo legati da qualcosa di piú profondo.

Credo che questo dipenda innanzitutto dalla storia della nostra università, fondata per combattere l'ombra lunga della schiavitú – un'ombra che incombeva ancora su di noi. E ciò significava che non ci era consentito praticare la scrittura solo come mestiere, ma dovevamo necessariamente porre la nostra pratica al servizio di quella missione emancipatrice. A questo alludevamo spesso, arrivando talvolta ad affermarlo in modo esplicito. Tutto quel che scrivevamo riguardava quei piccoli particolari della vita umana di cui si occupa di solito la letteratura. Ma se, come noi, fai parte di un popolo la cui umanità viene sempre messa in dubbio, anche il piccolo e particolare – soprattutto il piccolo e particolare – diventa politico. Per voi non può esserci alcuna reale distanza fra scrittura e politica. E quando ho visto questo in voi, ho visto me stesso.

E la radice di questo me stesso è, naturalmente, l'amore per la lingua. Non avevo neanche sei mesi e già gattonavo fino alle casse dello stereo ogni volta che mio padre ascoltava i Last Poets. E quando il disco finiva, piangevo finché non lo rimetteva da capo. A cinque anni mi sdraiavo sul letto col volume *Poems and Rhymes* della serie Childcraft aperto su *The Duel*, e per tutto il giorno borbottavo fra me e me: «The gingham dog and the calico cat | Side by side on the table sat». E lo facevo solo per assaporare il modo in cui quelle parole mi risuonavano nella bocca e nelle orecchie. In seguito scoprii l'esistenza degli MC – esseri umani che sembravano nati e cresciuti all'unico scopo di combinare insieme la musica della lingua con un rullante Mpc o con una drum machine 808, un'alchimia che mi sembrava naturale proprio come il battito cardiaco:

I haunt if you want, the style I possess
I bless the child, the earth, the gods and bomb the rest

Haunt: assillare, infestare. Una parola che mi avete sentito ripetere spesso. Non basta che chi legge le vostre parole ne rimanga convinto. L'obiettivo è *assillare* – ottenere che chi legge pensi alle vostre parole prima di dormire, le veda comparire in sogno, ne parli al suo partner l'indomani mattina, fermi per strada i passanti, li scuota e gli dica: «Non l'avete ancora letto?» Era questo che provavo ogni volta che sentivo rappare Rakim, e pure i Last Poets. Era questo che mi spingeva a borbottare i versi che avevo letto su quel volume dei Childcraft. Un'ossessione che era incanto e desiderio. Era piacere, ma anche un forte bisogno di comprendere i meccanismi di quel piacere, la matematica e il colore dietro le parole, e le emozioni che quelle parole evocavano. Presumo che ci siano bambini che vedono un dipinto e non riescono piú a togliersi quell'immagine dalla mente. Presumo che la notte da soli al buio se la rigirino nella testa, assillati, pensandoci e ripensandoci, vivendo dentro di sé una piccola estasi segreta, e che poi sentano il bisogno di trasmettere anche loro quell'estasi. Per me è stato cosí fin da quando ho imparato a trattenere parole nella memoria. E questo istinto si collegava armonicamente al mondo intorno a me, perché vivevo in una casa che traboccava di linguaggio organizzato in libri, quasi tutti riguardanti «la comunità», come la chiamava mia madre. Quindi per me era chiaro che le parole potevano assillare non solo per la loro forma, non solo per il loro ritmo e la loro scorrevolezza, ma anche per il loro contenuto.

Quando avevo sette anni, mia madre mi comprò un numero di «Sports Illustrated». Mi aveva insegnato a leggere prima che cominciassi la scuola, e qualunque mezzo era buono per incoraggiarmi a farlo. E quale migliore incoraggiamento di quel numero di «Sports Illustrated» in cui si parlava del mio eroe, Tony Dorsett, il running back dei Dallas Cowboys. Era il 1983, un'epoca del football americano in cui i running back sembravano eroi usciti da un mito greco. Come poteva un uomo della stazza di Earl Campbell muoversi cosí in fretta, schivando un difensore per poi andare a cozzare contro il torace di un altro? Come poteva Eric Dickerson correre stando cosí dritto, contro ogni convenzione, sfruttando ogni varco della difesa, un bersaglio manifesto che però riusciva sempre a farla franca? In quel periodo ogni tanto mi capitava di vedere un vecchio filmato di Roger Craig che per pura forza di volontà portava a termine una corsa di quarantasei iarde contro i Rams, o di Marcus Allen che nel Super Bowl invertiva a sorpresa il senso di marcia andando a segnare un touchdown. Ma all'epoca, in un mondo non ancora iperconnesso, parole e storie non erano a portata di mano in ogni momento. Se eri testimone di una di quelle imprese – com'era capitato a me con Allen – la conservavi nella memoria finché gli dèi della televisione non decidevano di fartela rivedere. Quindi per me una rivista che raccontava gli exploit di uno di quegli eroi non era solo un assemblaggio di parole e storie. Era un tesoro.

Perché io credevo davvero che Tony Dorsett fosse magico. Era alto un metro e settanta, di corporatura ordinaria come uno dei miei zii. Ma quando si infilava l'elmetto con la stella, si trasformava in qualcosa di intoccabile. Ricordo come sgusciava fra un difensore e l'altro, cambiando direzione in un baleno, danzando, correndo per tutta la lunghezza del campo lasciandosi alle spalle un'intera squadra. Ma per quanta ammirazione nutrissi per Dorsett, i miei ricordi di quel numero della rivista non riguardano lui. In realtà fino a pochi mesi fa avevo dimenticato che in copertina ci fosse Dorsett, perché nelle pagine interne avevo trovato un articolo cosí sconcertante, cosí terrificante, da obliterare qualsiasi altra cosa.

L'articolo si intitolava *Where Am I? It Has to Be a Bad Dream*, e parlava di Darryl Stingley, che un tempo era stato un wide receiver. Anche i wide receiver avevano per me qualcosa di mitico – contorsionisti come Wes Chandler, capace di allungarsi all'indietro per agguantare una palla prima che rimbalzasse via nell'etere, o acrobati come Lynn Swann, in grado di danzare nell'aria. Mi beavo di questi exploit la domenica mattina grazie alle sintesi delle partite curate dalla Nfl. Ma una rivista come «Sports Illustrated» guardava oltre le mura di quel giardino incantato, là fuori nel mondo reale, dove giornalismo e letteratura entravano in collisione. E là fuori non c'erano né magia né mito – solo mostri assolutamente reali.

E cosí lessi la vera storia di Stingley, che nel 1978 aveva preso una botta durante un placcaggio e si era risvegliato in ospedale. L'articolo cominciava lí, in ospedale, con Stingley che non riusciva a muovere un muscolo, che non poteva chiamare la madre o asciugarsi le lacrime che gli scorrevano sul viso. In un istante, il contorsionista era diventato un tetraplegico. Dopo pochi paragrafi avrei voluto mettere via per sempre quella rivista, fuggire da quella storia, ma ero trattenuto lí da forze che non riuscivo a comprendere. Capivo che in quel modo di raccontare c'era qualcosa di diverso, qualcosa nello stile, che mi attraeva come la forza di gravità di una stella, fino a darmi la sensazione di trovarmi lí, nel campo da football, a gridare, a supplicare Stingley di stare attento al colpo in arrivo, e poi in ospedale, accanto a lui, senza poter far nulla per alleviare l'orrore che gli si disegnava negli occhi quando comprendeva quel che gli era successo. E poi la stella divenne un buco nero, e attraversai un orizzonte degli eventi oltre il quale non stavo piú immaginando di essere lí con Stingley, ma io stesso ero Stingley, quello inchiodato a letto era il mio corpo, e le viti venivano impiantate nel mio cranio, ed ero io a gridare a un dio indifferente.

I haunt if you want, the style I possess. E in effetti ero assillato – da uno stile, dal linguaggio. E oscuramente, istintivamente, capivo che l'unico esorcismo possibile stava in ulteriori parole. Andai da mio padre e lo tempestai di domande, perché ero quel tipo di bambino, sempre pronto (con gran fastidio dei miei fratelli e sorelle) a chiedere *perché*. Mio padre aveva un modo tutto suo di affrontare la cosa, e quel giorno eseguí la manovra alla perfezione. Mi portò nella stanza sul retro, dove teneva una grande collezione di libri, e ne tirò fuori uno dallo scaffale. Era *They Call Me Assassin*, le memorie di Jack Tatum, il difensore che aveva effettuato il fatale placcaggio su Stingley.

E cosí cominciai a scavare piú in profondità – sperando di penetrare in qualche modo nella forma mentis di un uomo che ne aveva reso invalido un altro. Mi piacerebbe potervi dire di aver avuto una grande rivelazione, ma il libro consisteva per lo piú in una sfilza di aneddoti sulla poco interessante carriera di Tatum nel football. Ricordo che Tatum scriveva che il placcaggio su Stingley non era stato particolarmente violento. Se un lettore cercava, come me, una profonda meditazione su una catastrofe, non era lí che la poteva trovare. E cosí fui lasciato di nuovo a me stesso – niente Google, niente Wikipedia, niente social network su cui lamentarmene con altri. Soltanto io, ossessionato da quella terribile storia di un acrobata sepolto nel proprio stesso corpo.

Ma nel frattempo dentro di me era successo qualcosa. Come lettore, ero cambiato. Non mi limitavo piú a rigirarmi nella testa o sulla lingua sequenze di parole – ora si trattava di intere storie. Anche il libro di Tatum diceva moltissimo pur non dicendo quasi niente, perché lasciava trapelare la vergogna che si può provare, e il paradosso di uno sport che valorizza la violenza e poi si scandalizza per le sue conseguenze. All'epoca non me ne rendevo ancora ben conto. Ma per anni, in seguito, rigirandomi storie nella testa, riuscivo a percepire quello che rivelavano. All'epoca sentivo solo che la storia di Darryl Stingley violava la profonda, invisibile legge di giustizia che regnava in tutti i miei fumetti. Sapevo che il football era violento, che la violenza era lo sfondo sul quale Tony Dorsett si esibiva nella sua arte della fuga. Ma la violenza era l'antagonista in una storia con un lieto fine. Non poteva averla vinta, no?

E invece tutt'attorno a me la violenza stava vincendo. Era, a quanto ricordo, l'anno in cui per la prima volta un ragazzino venne ucciso per un capo d'abbigliamento alla moda; storie come quella sarebbero presto diventate lo scenario della mia adolescenza. Ormai ero circondato dal pericolo: rasoi infilati dentro mele candite, bambini di quattro anni trafitti con le freccette. Nella storia di Stingley confluivano tutte quelle cose, rilette in una nuova luce: il male in effetti vinceva, almeno qualche volta, forse il piú delle volte. Le cose brutte succedevano, se non altro per la semplice ragione che potevano succedere. Per quanto allarmante, quella consapevolezza mi rese piú forte, perché mi rese piú saggio. E il peso di quella saggezza era strettamente legato alla modalità con cui mi era stata impartita. Giornalismo. Narrazione personale. Testimonianza. Storie.

Diventai piú grande. Le cose brutte cominciarono ad accadere a me e alle persone intorno a me: pestaggi, risse, sparatorie, scippi. Se alla fine sono sopravvissuto, lo devo alle storie. Perché non solo riuscivano a spiegare il mio mondo, ma mi permettevano di fuggire in altri mondi. E cosí, qualunque cosa ci fosse là fuori, potevo tornare a casa alla *World Book Encyclopedia* e lasciarmi trasportare dalle parole nella foresta e nella giungla, nella taiga e nella tundra. O potevo prendere una copia di *Deadly Bugs and Killer Insects* e, attraverso le parole, crogiolarmi nella letale biologia di vedove nere e formiche di fuoco. O potevo aprire *Le civiltà scomparse dell'Africa* e attraversare il Sahara con Mansa Musa o vedere il regno del Songhai attraverso gli occhi di Askia il Grande. O potevo tornare nel mio mondo attraverso lp o cassette, attraverso *Louder Than a Bomb* o *The Symphony* o *My Philosophy*. Nella mia mente questi mondi non erano separati fra loro. Non facevo all'epoca, e non faccio tuttora, alcuna distinzione fra arte «alta» e «bassa». Mi importava solo che cosa mi assillava e perché – e a poco a poco cominciai a vedere il filo che correva attraverso tutte quelle cose. Alle superiori lessi *Macbeth* e fui trascinato lontano da quell'aula quanto mi ci avrebbe potuto trascinare una strofa di Kool G Rap:

> SECONDO SICARIO Mio signore, sono uno che i vili colpi e gli oltraggi del mondo hanno talmente esacerbato che non mi importa di ciò che posso fare a suo dispetto.
>
> PRIMO SICARIO E io, mio signore, sono un altro cosí stanco di sventure e talmente maltrattato dalla sorte da mettere a repentaglio la mia vita per migliorarla o per sbarazzarmene.

In quello scambio di battute ritrovavo la mia città, collegata ad altre città i cui codici e costumi venivano celebrati in mixtape e video musicali: Gods and Earths, Gangstas e Queens. Ma quella era un'altra stella morta che esercitava la sua forza di gravità trascinandomi attraverso i secoli, facendomi capire che anche lí erano in vigore regole e costumi che avevo considerato solo nostri. E attraverso le parole compresi che la mia Baltimora non era dannata, che quello che vedevo lí negli occhi dei ragazzi, quello che sentivo nella musica, era qualcosa di antico, qualcosa di ineffabile, che riguardava l'intera umanità, da Stratford upon Avon fino alle nostre strade.

E sempre in quei momenti venivo riportato alle ossessioni della mia infanzia: l'organizzazione di parole, silenzi e suono in storie. E a questo aggiungevo l'impiego di particolari verbi, l'uso giocoso della punteggiatura e l'intima estasi che tutto ciò mi procurava. E riflettendo sulle parole «I'm one, my liege, | Whom the vile blows and buffets of the world», capii che c'era della magia nel modo in cui Shakespeare ripeteva il suono *b*, e che era la stessa magia usata da Rakim, solo che nel suo caso il suono era quello della *r*:

I'm the arsenal, I got artillery, lyrics are ammo
Rounds of rhythm, then I'ma give 'em piano

Avevo all'incirca la vostra età quando cominciai a comprendere quel che avevo intravisto per la prima volta in quel numero di «Sports Illustrated», ovvero che il suono e il ritmo sono ancora piú potenti quando vengono organizzati sotto forma di narrazione, per raccontare storie. E, proprio a causa del loro potere, le storie richiedevano una lettura, un'interpretazione e un'analisi rigorose. Ed eccomi lí, con «Sports Illustrated» aperto sulle ginocchia e la sensazione di essere in partenza per un viaggio di esplorazione. L'articolo l'avevo finito, ma avevo bisogno di sapere qualcosa di piú. Cosí avevo cominciato un reportage, e trasformato mio padre nella mia prima fonte. Poi quella fonte mi aveva spedito a fare ricerca in biblioteca. E lí, con mia grande frustrazione, il viaggio si era arenato. I libri potevano portarmi solo fino a un certo punto. Se solo avessi potuto parlarci io, con Tatum o Stingley. Se solo avessi potuto essere io a formulare le domande e organizzare e interpretare le risposte, per poi esprimere con le parole il frutto della mia ricerca.

E alla fine ebbi modo di farlo. A Howard trovai una biblioteca ben piú grande di quella contenuta nella stanza di mio padre. C'erano schedari pieni di articoli tratti da giornali e riviste. E adesso ero un adulto, e potevo, scoprii, andare a fare domande alle persone, cosí che i ranghi delle potenziali fonti si ingrossarono. Armato di quelle fonti grezze e della mia percezione di come le parole potevano essere organizzate – *uno stile lo possedevo* –, forse potevo non essere piú colui che era assillato ma colui che assillava, non piú la casa infestata ma il fantasma, non piú il lettore ma lo scrittore, e anch'io potevo avere a disposizione le stelle, e la loro innegabile forza di gravità.

Era chiaro che un tale potere doveva servire a qualcosa che non fosse solo il mio divertimento – che avrebbe dovuto illuminare, affrontare e disarmare la violenza che vedevo intorno a me, che la bellezza doveva andare insieme alla politica, che lo stile che possedevo doveva abbracciare la lotta che era necessaria:

> Qui erano le difficoltà, vere o presunte – il bene da cercare, il male da evitare. Da un lato la schiavitú, una realtà che incombeva dura e fosca su di noi – le vesti già rosse del sangue di milioni di uomini, le unghie avidamente affondate nelle nostre carni – dall'altro, lontano in una terra nebulosa, sotto la tremula luce della stella polare, dietro chissà quale collina spoglia o montagna coperta di neve, una libertà dubbiosa, semicongelata, che ci chiamava a sé.

A parlare è Frederick Douglass, che infonde vita all'astratta diade schiavitú e libertà – e soprattutto alla libertà. La schiavitú è ovviamente un male. Ma per raggiungere il «bene», le persone ridotte in schiavitú avrebbero dovuto abbandonare la reale e concreta terra natale per un sogno o forse un incubo – una «libertà dubbiosa, semicongelata» che si intravede «in una terra nebulosa» sotto una «tremula luce». Per Douglass la libertà non è uno stendardo o uno slogan, ma qualcosa di terrorizzante che tuttavia lui sceglie di perseguire. Questo contrasto – il luminoso bene della libertà in linea di principio *versus* la tenebrosa realtà sconosciuta – evoca il cliché del «chi lascia la strada vecchia per la nuova». Ma il chiaroscuro del linguaggio di Douglass illumina la verità sepolta nel cliché, cosí da avvicinarci a un'esperienza remota, e Douglass non è piú il personaggio stereotipato dello «schiavo», ma un essere umano come noi. Scrivere cosí, immaginando come esseri umani gli schiavizzati, i colonizzati, gli assoggettati, è sempre stato un gesto politico, un gesto che dagli scrittori Neri è stato compiuto cosí spesso da diventare una tradizione – una tradizione a cui ho fatto ritorno quell'estate in Virginia con voi.

Credo che questa tradizione, una scrittura che delinei una comune umanità, sia indispensabile per il nostro futuro, se non altro perché ciò che dev'essere coltivato e tutelato dev'essere prima visto. E quello che vedo è questo: una figura al limitare di una grande foresta che ha il compito di cartografare con una precisione che consenta a chiunque veda la mappa di sentirsi trasportato nel territorio. La figura riesce a vedere le vette innevate in lontananza, e potrebbe escogitare qualche teoria su quel che c'è fra il punto dove si trova e quelle vette: pini, colline, un burrone sul cui fondo scorre un torrente. Quella figura sei tu, tu che scrivi, un'idea in mano, appunti scarabocchiati su un taccuino, magari un primo abbozzo. Ma per scrivere, per disegnare quella mappa, per trasportarci in quella natura inesplorata, non puoi restare lí sul limitare. Devi inoltrarti nella foresta. Devi vedere coi tuoi occhi l'altitudine e il colore della terra. Devi scoprire che quel burrone in realtà è una valle e che il torrente è di fatto un fiume che serpeggia verso sud da un ghiacciaio sulle montagne. Tutto questo non lo puoi sapere in anticipo. Non lo puoi «dedurre» confidando nella tua innata genialità. La fiducia nella genialità è uno dei grandi mali che ci affliggono, e ho scoperto che le persone universalmente incensate per la forza del loro intelletto possono illuminarci ma possono anche confonderci. Non è detto che la «genialità» sia di aiuto a un giornalista il cui compito è, innanzitutto, fare chiarezza.

Un mondo reso chiaro – ecco cosa avevo provato a sette anni quando il vero volto del football mi si era rivelato. Libero dall'immagine pregiudiziale che mi aveva trasmesso chi aveva grandi interessi in merito, ora vedevo senza filtri il terribile prezzo che si pagava per quello sport. Sto scrivendo a ridosso del #MeToo, che è stato, fra le altre cose, un movimento generato dalle parole. Perché una cosa è parlare di un mondo in cui «nei luoghi di lavoro ci sono problemi di abusi sessuali», tutt'altra cosa descrivere nel dettaglio uffici di Manhattan con porte antistupro, o conduttori televisivi che tendono imboscate ad assistenti in vacanza, o attori che sostengono di essere «uomini femministi» ma si lasciano dietro uno strascico di molestie. Per me leggere gli articoli investigativi su questi casi ha significato scoprire che il gergo usato da attivisti e accademici – tutti quei discorsi sul «patriarcato» e la «cultura dello stupro» e il «privilegio maschile» – aveva una concretezza e una solidità che non solo mi convinceva ma mi chiamava in causa. Non che non sapessi di essere privilegiato in quanto uomo, ma ora percepivo questo privilegio con un inedito sgomento. Ripensavo alla mia carriera e mi rendevo conto che, per quante sfide possa aver affrontato, fra queste non c'era un pulsante antistupro. Ed è questo che significa fare chiarezza:

> La qualità della luce con cui esaminiamo le nostre vite ha una diretta rilevanza sul prodotto che viviamo e sui cambiamenti che speriamo di realizzare tramite quelle vite. È all'interno di questa luce che diamo forma alle idee grazie alle quali cerchiamo la nostra magia e facciamo sí che si realizzi.

Audre Lorde scriveva questo a proposito della poesia, ma credo che le sue parole si applichino a tutti i settori della scrittura. Non si può agire su ciò che non si riesce a vedere. E siamo afflitti da una lingua morta e da storie morte al servizio di persone il cui obiettivo è niente meno che un mondo morto. E non basta prendere posizione contro questi ipocriti. Dev'esserci qualcosa dentro di voi, qualcosa che ha fame di chiarezza. E questa fame vi servirà, perché, se seguite questa via, prima o poi vi troverete a mettere in discussione non solo i loro miti, non solo le loro storie, ma anche le vostre. Il che è difficile, se non altro perché gran parte della nostra mitopoiesi è servita alla causa della liberazione, a permetterci di scavare una galleria per uscire dal pozzo in cui eravamo stati gettati. E sopra di noi ci sono proprio le persone che ci hanno gettati lí dentro, pronte a schernirci, a buttarci terra negli occhi e a gridarci: «Vi sbagliate». Ma noi non siamo loro, e gli standard di schiavisti, colonizzatori e oppressori semplicemente non fanno al caso nostro. Abbiamo bisogno di un altro standard, che ci permetta di affinare la nostra scrittura affinando la qualità della luce. E con quella luce abbiamo il compito di esaminare le storie che ci sono state raccontate, e il modo in cui puntellano le scelte politiche che abbiamo accettato, e poi di raccontare nuove storie.

I sistemi a cui ci opponiamo sono sistemi di oppressione, e quindi sistemi basati sulla codardia. Funzionano meglio nell'oscurità, quando la loro essenza è nascosta e passa inosservata, come un tempo per me l'essenza del grande passatempo americano. Ma poi un giornalista mi ha raccontato una storia e allora ho visto qualcosa di essenziale e terribile riguardo al mondo. Tutte le nostre conversazioni sulla tecnica, il ritmo e le metafore alla fine si riducono a questo: alle storie che raccontiamo, al bisogno di assillare, ovvero di far sentire alle persone cosa c'è in gioco.

L'ultima volta in cui ci siamo parlati era il semestre autunnale, quasi due anni fa. In un momento di leggerezza, vi ho promesso che al prossimo seminario avrei presentato anch'io un mio testo. Voi non vedevate l'ora, perché finalmente avreste potuto rivolgere le mie lezioni contro di me, indicandomi i punti in cui ero vago, prolisso o anche solo pigro. Ma poi il semestre è finito e io non ho scritto niente. A quanto pare ero ancora lo studente mediocre di trent'anni prima. Ma quell'impegno me l'ero assunto sul serio, tanto che da allora non vi ho piú rivisto. Ho viaggiato – in Senegal, Carolina del Sud, Palestina. Ma adesso sono a casa, e porto con me il compito svolto in ritardo – alcune osservazioni sul linguaggio e la politica, sulla foresta, sulla scrittura. Ho rivolto queste osservazioni direttamente a voi, ma confesso che il mio pensiero va ai giovani scrittori e giornalisti di ogni dove, il cui compito è niente meno che fare la loro parte per salvare il mondo.

II. Sui faraoni

QUANDO scesi dalla passerella capii che ero a casa
ero stata lí prima di andare via
a vagare nel clima freddo della mia mente dove
estate e inverno avevano la stessa temperatura
di bisogno.

e sollevai le mani. la faccia. sferzata dai venti
del nord e stillante sangue baciai il luogo
della mia nascita e il sole e il mare si fecero attorno
alla mia offerta ed eravamo una cosa sola come la notte è
giorno
quando capisci davvero il bisogno che hanno l'una dell'altro.

un odore verde di rigidezza mattutina
si allungava come una giovinetta sulla terra
e gustando una nuova geografia mi tolsi le scarpe
mi lasciai crescere i piedi nella nuova danza della crescita
e la danza era nuova e le mie cosce
bruciando come accordi
lasciarono una traccia perché altri la seguissero quando
sarebbero tornati a casa come tutti devono sicuramente fare
perché il passato diventi futuro.

SONIA SANCHEZ, *Rinascita*.

L'altro giorno, mentre preparavo i bagagli per il mio viaggio a Dakar, mia madre mi ha spedito un messaggio con allegato uno dei suoi vecchi disegni. Era il momento adatto, perché il disegno mi ha dato l'occasione di riflettere su perché quel viaggio rinviato cosí a lungo mi pesasse tanto e come quel lungo rinvio fosse collegato ad alcune mie concezioni giovanili dell'immaginazione e dell'arte. È vero che sono cresciuto in una casa di parole – articoli, libri, testi di canzoni. Ed è vero che la scrittura mi ha afferrato da giovane e mi ha trattenuto nella sua orbita, ma le maree della mia mente seguivano l'attrazione di diverse lune. Mio padre possedeva una modesta ed eterogenea collezione di arte rivoluzionaria – disegni a matita di faraoni, sculture afro-assurdiste, litografie che ritraevano i fantaccini dell'Harlem Hellfighters. In quasi tutte le case in cui abbiamo abitato, lui esponeva in una teca scatole di cereali Wheaties, confezioni di patatine e pacchi di biscotti ancora da aprire, come un collezionista di giocattoli potrebbe conservare una Barbie originale o un G.I. Joe vintage. Anche quelle erano opere di arte rivoluzionaria, perché su tutte le confezioni c'erano immagini di persone Nere, e nessuna nello stile fasullo e stereotipato che aveva afflitto la gioventú dei miei genitori.

Quanto a mia madre, credo che in un'altra vita sarebbe stata un'artista. È un'aggraziata ballerina. Ama la musica. La vedo ancora com'era all'epoca, i capelli corti in stile afro e gli occhiali spessi, mentre arranca nella sua Volkswagen Golf color argento lungo Liberty Heights, tamburellando sul volante e cantando insieme alle Pointer Sisters. Ho sentito tanta musica su quell'auto o sul giradischi a casa: Prince, Nina Simone, Carmen McRae, i Platters, i Drifters, John Coltrane, Jerry Butler, Taj Mahal, Joan Armatrading. Mia madre ha anche un'innata manualità. Ho bei ricordi di noi due al tavolo della cucina con scotch, cartoncino, forbici, colla e grucce di fil di ferro, il tutto per realizzare cartelloni pieghevoli per le gare di scienze, collage per le lezioni di arte o diorama per storia. Per un po' si era data al disegno, e trovavo i suoi album per schizzi sparsi per tutta la casa. E ora, dopo tutti quegli anni, anche lei ne aveva trovato uno dimenticato da qualche parte, con un ritratto di mio padre seduto di profilo a gambe incrociate, un berretto da pescatore in testa e un libro fra le mani. C'era una didascalia sopra il disegno: «Papà legge sempre». E un'altra sotto: «Papà dice che legge per imparare». Quelle didascalie le avevo scritte io.

Mio padre sostiene di sapere la data in cui è stato fatto quel disegno. Il 1978, molto prima che voi nasceste. Da cinque anni è uscito dalle Pantere Nere, e ormai è chiaro che la rivoluzione non sarà trasmessa in tv, perché la rivoluzione non ci sarà. Abitiamo in una villetta a schiera a Park Heights, che i miei genitori affittano a settimana, e mettere insieme ogni settimana i soldi per l'affitto è la prova piú ardua che abbiano mai dovuto affrontare. Mio padre ha fatto ogni sorta di lavori – addestrare cani da guardia, trasportare bagagli all'aeroporto, e ora, giú alle banchine, scaricare il sale dalle navi. Ma quel giorno, il giorno del ritratto, gli hanno detto che c'è stato un fraintendimento col sindacato e non lo pagheranno. Lui torna a casa con quel peso sullo stomaco. Ha trentadue anni, e forse ormai prova il terrore che ti prende a quell'età, quando capisci che gli anni possono davvero scivolare via cosí, come tutti quei sogni di rivoluzione, senza lasciare traccia. E la sua reazione a quel peso è incredibile: prende un libro. *Papà dice che legge per imparare.* Ma cos'è che papà sta cercando di imparare?

Se dovesse definire le forze che hanno plasmato la sua vita, mio padre, credo, penserebbe innanzitutto alle sue azioni: i suoi meriti e i suoi errori. Ma se allargasse lo sguardo al mondo che lo circonda, vedrebbe persone che coi loro meriti hanno ottenuto di piú, e a cui gli errori sono costati di meno. E quelle persone che hanno guadagnato di piú e pagato di meno hanno vissuto in un mondo di iniqua ricchezza, mentre quelli come lui hanno vissuto in un mondo di spaventosa indigenza. E mio padre capirebbe anche di essersi dovuto confrontare non solo col crescente abisso fra ricchezza e indigenza, ma con le storie raccontate per presentare quell'abisso come naturale. Punterebbe il dito contro l'arsenale di ricostruzioni storiografiche, saggi, romanzi, ricerche etnografiche, sceneggiati televisivi, trattamenti e monografie che non sono il suprematismo bianco in sé, ma il suo compendio, il suo corpus, il suo canone.

Il peso del mio primo viaggio in Africa – il fatto che mi ci siano voluti cosí tanti anni prima di andarci davvero – è strettamente legato a quel canone e all'opera dei suoi luminari, uomini come Josiah Nott, antropologo, epidemiologo e studioso delle civiltà. Nott era anche un proprietario di schiavi, il che significa che sfruttava quelle persone come merce o manodopera e poi le sfruttava anche per i suoi studi. «La mia negrologia, lungi dal danneggiarmi in patria, mi ha reso un uomo piú grande di quanto mi sarei mai aspettato di diventare, – scrisse nel 1847 al suo mentore, l'antropologo Samuel Morton. – Qui sono il pezzo grosso della professione». Una professione che aveva un unico obiettivo: mettere insieme tutte le nozioni che avrebbero potuto dimostrare che noi eravamo inferiori, e quindi idonei a essere ridotti in schiavitú.

Può sembrare strano che persone che hanno già ottenuto una posizione di potere attraverso la violenza dedichino cosí tanto tempo a giustificare con le parole il loro saccheggio. Ma anche i saccheggiatori sono esseri umani, e le loro pretese violente devono vedersela col senso di colpa che li rode quando incrociano lo sguardo delle vittime. Perciò dev'essere raccontata una storia, una storia che alzi un muro fra loro e le persone che cercano di soggiogare e rapinare.

Quand'ero bambino a Baltimora, il ragazzo che ti voleva rubare la palla o la mountain bike Diamondback o la giacca Starter dei Philadelphia 76ers non si accontentava di farlo e basta. Sentiva il bisogno di una giustificazione: «Tappetto, fammi un po' vedere quella palla», «Qualcuno ha rubato al mio cuginetto una bici proprio uguale a quella», «Ehi tu, ma quella è la mia Starter!» Contestare quell'accezione del verbo «vedere», indagare sulla reale esistenza del presunto cuginetto o mostrare una ricevuta non coglieva il punto. Il punto, anche a quella tenera età, era mettere a tacere la rete neurale dove alberga la nostra parte tenera, umana.

Per uomini come Nott, il cui intento era appropriarsi non di giocattoli o capi d'abbigliamento ma di intere nazioni, quel bisogno era evidentemente piú grande. A dover essere ripulita non era solo la coscienza dello schiavista, ma quella di molte altre persone: negrieri e sorveglianti, cacciatori di schiavi e capitani di navi, deputati e lord, re e regine, preti, presidenti e persone qualunque senza alcun vero amore per gli schiavi ma pur sempre dotati di occhi umani e orecchie umane. Per un sistema onnicomprensivo doveva essere articolata una teoria onnicomprensiva, e prodotto un intero armamentario di giustificazioni, tutte fondate su una semplice asserzione di base: l'africano non aveva quasi nulla di umano.

Guardando al mondo, Josiah Nott vedeva tre grandi masse continentali, e a ognuna assegnava una razza e per ogni razza individuava un singolo progenitore i cui discendenti erano fatti per dominare oppure per essere dominati. «Il grande problema, – scriveva, – è l'idea di una medesima origine per tutte le razze; perché da ciò dipendono non solo taluni dogmi religiosi, ma la piú prosaica questione dell'eguaglianza e perfettibilità delle razze».

Il problema di una «medesima origine» era il problema di una «medesima umanità», e se l'umanità era una sola, come si poteva giustificare la riduzione in schiavitú degli africani? Se discendiamo tutti dallo stesso progenitore, perché un determinato ramo dell'umanità dovrebbe essere destinato alla schiavitú? Questo bisogno di una specifica giustificazione per il saccheggio di alcuni specifici esseri umani è vecchio quanto la «razza» stessa. Anzi, è proprio la ragione per cui la razza è stata inventata. Per poter giustificarne lo sfruttamento, gli africani dovevano essere estromessi dall'umanità oppure relegati ai suoi livelli piú bassi. Ma le prove per questa estromissione sono sempre mancate, mentre la dimostrazione del contrario è onnipresente.

Nel 1799 i francesi invasero l'Egitto e si trovarono ad ammirare lo splendore di una civiltà piú antica di quella greca e romana. Nacque l'egittologia, che divenne di gran moda, travolgendo l'Europa come un'ondata e andandosi a infrangere sull'America degli anni precedenti la Guerra civile, il periodo in cui lo schiavismo aveva raggiunto il suo apice. Nott era ammaliato dall'antico Egitto. Il suo collaboratore George Gliddon lo definiva l'«origine di ogni arte e scienza nota nell'antichità». Ma l'Egitto era in Africa – il continente che i negrologi consideravano un serbatoio di schiavi – e ciò sollevava inevitabilmente domande scomode. «È diventato di moda citare la Sfinge come prova della negrezza degli antichi Egizi, – scrisse Gliddon al suo pupillo Nott. – Scambiano la sua parrucca per capelli lanuginosi e, dato che il naso manca, naturalmente lo considerano *camuso*. Ma anche se il volto (cosa che non stento ad ammettere) ha un forte carattere africano, si tratta di un esempio quasi isolato, in confronto ai diecimila che *non sono africani*».

Nott e Gliddon dedicarono la vita a dissipare ogni possibile dubbio sulla composizione razziale degli Egizi. Pubblicarono insieme il trattato *Types of Mankind*, che, fra le altre cose, si proponeva di riscattare l'antico Egitto da qualunque contaminazione con la Nerezza. «Per molti secoli prima del nostro, – scrivevano sconcertati, – gli Egizi erano considerati Neri, e si riteneva che la civiltà egizia avesse disceso il Nilo dall'Etiopia!» Dato che le cronache smentivano la tesi che in Egitto non ci fossero «Neri», Nott e Gliddon gli attribuivano il solo ruolo che ritenevano consono. «Va riconosciuto, – scrivevano, – che in nessun periodo nell'ambito della storia monumentale i Neri hanno abitato alcuna parte dell'Egitto, salvo che come prigionieri». Era, letteralmente, una coincidenza incredibile: una società scomparsa da migliaia di anni organizzata esattamente allo stesso modo delle piantagioni di Nott. Ma per Nott la riduzione in schiavitú dei Neri nell'antico Egitto non era una coincidenza, era un lasciapassare:

> I monumenti egizi dimostrano che, nel corso di almeno quattromila anni, le razze negroidi non sono riuscite, in Negrolandia, a fare un singolo passo per riscattarsi dalla loro condizione selvaggia; l'esperienza moderna negli Stati Uniti e nei Caraibi conferma quel che ci insegnano i monumenti e la storia; e a giudicare dalle nostre osservazioni [...] un futuro piú luminoso per queste tipologie organicamente inferiori sembra estremamente improbabile.

Molto dopo la scomparsa di Nott e Gliddon, l'idea di un Egitto Nero – che dal loro punto di vista significava un Egitto con una consistente popolazione non schiavizzata somigliante alla popolazione schiavizzata delle Americhe – continuava ad assillare i loro emuli. Nel 1896 il celebre pedagogista Samuel Train Dutton sosteneva che ai Nativi americani e ai Neri dovesse essere impartita esclusivamente un'istruzione idonea a «pagani e selvaggi» che li preparasse a una vita di lavoro manuale. Un elemento cruciale del progetto educativo di Dutton era che le scuole insegnassero «come gli antichi Egizi differivano dalle razze negroidi, e perché». Nel 1928, l'egittologo Arthur Weigall dedicò un capitolo del suo *Personalities of Antiquity* al faraone Pianki, intitolandolo *Le imprese di un re negro*.

In tutto quel ridicolo arrampicarsi sui vetri noi, osservando dai margini, vedevamo un'arma. «Non abbiamo bisogno di ricorrere ad argomentazioni stiracchiate per difendere l'etnografia dai Nott e Gliddon dei nostri tempi, – scriveva nel 1859 il nazionalista Nero James Theodore Holly. – Lasciamo a loro di dimostrare, se ci riescono, per la piena soddisfazione delle loro anime limitate e dei loro cuori in cancrena, che gli antichi Egizi dalla pelle scura, i capelli lanuginosi, le labbra carnose e il naso camuso non appartenevano allo stesso ramo della famiglia umana di coloro che negli scorsi quattro secoli sono stati vittime della tratta degli schiavi africani».

Ed è cosí che ho ricevuto il mio nome africano: «Ta-Nehisi», che in antico egizio era la designazione del regno di Nubia, e viene talvolta tradotto come «Terra dei Neri». Io sono nato nell'ambito di quella che lo storico St Clair Drake chiama la «tradizione rivendicazionista», ovvero da persone Nere che cercavano di riappropriarsi della storia usata come arma contro di loro, e di rivoltarla contro i loro aguzzini. Se quello che i negrologi temevano era un «Egitto Nero», allora avremmo sostenuto la sua esistenza, giungendo a quella che era la logica conclusione: eravamo nati non per essere schiavi, ma per essere sovrani. Questo spiega la nostra venerazione per i faraoni Neri e i regni africani. Il punto era raccontare una storia diversa da quella che ci era stata imposta – una reazione comprensibile, ma con cui non sono mai stato del tutto d'accordo.

La verità è che il mio nome non mi è mai andato a genio. La sua lunghezza e complessità richiamano l'attenzione, e contrastano col mio desiderio di passare inosservato. Non si pronuncia come è scritto, il che mi costringe a un eterno balletto in cui prima correggo le persone e poi le rassicuro sul fatto che non è colpa loro. Creare imbarazzo era parte del gioco: i miei genitori intendevano contrassegnarmi come cittadino di un paese molto diverso da quello in cui vivevo; il mio nome era il cimelio di un mondo dimenticato e il sogno di un mondo a venire. Ma cosa sono esattamente questi due mondi? L'intento del mio nome non era solo richiamarsi a un'entità storica, ma evocare l'idea di una civiltà Nera – vale a dire esseri umani che si disponevano in una gerarchia di aristocratici, veggenti, comuni cittadini e schiavi, e che, avendo edificato monumenti, prodotto una letteratura e combattuto guerre, potevano essere legittimamente considerati esseri umani a pieno titolo. Ma io penso che la dignità umana stia nella mente e nel corpo, non nella pietra. E penso che, nel momento in cui attribuiamo le origini del nostro valore a caste e regni, a una «civiltà», ci adeguiamo ai precetti di coloro che ci hanno lasciato in eredità il surriscaldamento e l'inondazione del pianeta. E allora abbiamo già perso.

Io sto cercando di indirizzarvi verso qualcosa di nuovo – non solo contro i loro miti di conquista, ma anche contro l'impulso di crearne di vostri. Ma questa è una proposta al negativo – una descrizione di quel che non dovreste fare, e non di quel che dovreste fare – e pone un'assenza al posto di un mito. Ma questo vuoto come lo riempiamo? Perché, pur avendo rinunciato al mito di un'utopica origine africana, io continuo a provare la sensazione di non dover morire senza essere tornato a casa. E questa sensazione la provo pur sapendo che quel termine – «casa» – non indica qualcosa di concreto, ma un bisogno, un desiderio, un sogno.

Prima di partire per Dakar avevo salvato sul telefono il disegno di mio padre. Nei giorni prima del viaggio, e anche durante il volo, l'ho osservato spesso. *Cos'è che papà stava cercando di imparare?* La mia risposta a questa domanda è imbarazzante. Ma mi è venuta in mente nel momento in cui l'aereo è sceso al disotto delle nubi e ho dato la prima occhiata ai tetti delle case che svettavano su Dakar e alla spuma bianca dell'acqua che lambiva la spiaggia. Avevo già viaggiato a sufficienza per conoscere lo sbalordimento che ti coglie quando il posto dove stai andando diventa reale. Guardi in giú e resti scioccato vedendo le montagne accanto alla città che ti vengono incontro o l'oceano intorno all'isola che si tinge di verde. Ma non una sola volta in tutta la mia vita avevo provato quel misto di gioia, terrore e speranza che ho provato mentre l'aereo si preparava all'atterraggio. Magari a voi è già capitato, e avete sentito il mio stesso peso. So che alcuni di voi sono nati nel Continente, quindi per voi queste parole risuoneranno in modo diverso. Io posso solo dire che, quando ho visto la città sotto di me, non sono riuscito a far altro che bofonchiare le uniche parole che si avvicinavano a esprimere il sentimento lancinante che provavo, e quelle parole erano:

– Oh, merda.

L'aereo è atterrato, e dopo i riti dello sbarco e della dogana mi sono trovato sul sedile posteriore di un'auto diretta in città. Ciò che piú ricordo di quel tragitto è una vaga paura, divenuta piú decifrabile quando l'autostrada ha cominciato a lambire la Corniche, la lunga spiaggia che costeggia l'Atlantico. In tutta la spiaggia si vedevano quelli che sembravano i rottami abbandonati di una palestra a cielo aperto – panche per il sollevamento pesi, un trainer ellittico manuale, sbarre per le trazioni. Sembrava che il tempo e la forza degli elementi avessero avuto la meglio su quei macchinari, e mentre passavamo ho notato con la coda dell'occhio che la vernice gialla era scrostata, e qua e là si vedeva il metallo arrugginito sottostante. Ho immaginato che si trattasse di quel che restava di un qualche progetto pubblico finito male, e quell'evidente fallimento è all'istante diventato per me un simbolo della nostra disfunzionalità collettiva, dell'irrimediabile condizione selvaggia della «razza negroide». E sentendo quella voce nella mia mente, ho preso consapevolezza di una cosa terribile: nonostante l'impegno dei miei genitori, nonostante *Ashanti to Zulu* e *Bringing the Rain to Kapiti Plain*, nonostante le lezioni di percussioni e danza, nonostante i nomi africani, nonostante tutto quell'arsenale di rivendicazioni, temevo ancora che quel che dicevano di noi i negrologi fosse vero.

In albergo ho fatto un lungo pisolino, e quando quella sera finalmente sono uscito dalla camera e ho passeggiato lungo la spiaggia subito lí fuori, mi sentivo fuori fase. Vedevo genitori spaparanzati sulle sdraio mentre i figli sguazzavano in acqua tutti contenti. Fra la mia camera e il ristorante dell'albergo c'era una piscina a filo pavimento, cosí che, emergendo dall'acqua, i nuotatori sembravano emergere dalla terra stessa. Non lontano dalla piscina, un dj sistemava il suo armamentario mentre un barista preparava cocktail. Vedendo quel barista, ho sentito dentro di me una punta di tristezza. Dentro il ristorante l'atmosfera era cosmopolita – uomini in boubou lunghi e fluenti, donne inturbantate, altre con occhiali da sole tirati su a trattenere i capelli. Il vino e lo champagne scorrevano a fiumi. La punta di tristezza è diventata piú aguzza, e mi sono chiesto se dipendesse dal fatto che mi sentivo solo, lontano da casa e dai miei cari. Ma non era passato neanche un giorno dalla mia partenza.

Ho ordinato la cena e, per la prima di tante volte nel corso del mio viaggio, ho guardato l'oceano Atlantico, a pochi metri dal mio tavolo. Vedendo le onde che si infrangevano piano contro la spiaggia, mi sono sentito travolgere da un ricordo dell'altra sponda: ho dieci anni e mi trovo con mia madre a Berlin, Maryland, sulla costa orientale dello Stato. Durante quella vacanza siamo ospiti della zia Toppy e dello zio Melvin. Andiamo a trovare cugini e cugine e altri zii e zie, che a quanto pare abitano tutti lungo la stessa stradina di campagna. Poi andiamo in macchina fin sull'oceano, e io prendo un canotto gonfiabile blu e giallo e mi spingo fra le onde, allontanandomi dall'America. E ora, decenni dopo, eccomi lí a guardare quell'oceano dall'altra sponda.

La tristezza continuava ad aumentare, espandendosi fino a diventare grande come quel mare, increspandosi con ognuna delle onde che si gonfiavano e abbattevano su quella costa africana. Avevo viaggiato all'indietro fino a una sorta di Big Bang. Dall'altro lato di quella distesa d'acqua sarebbe nato un universo, ma prima innumerevoli mondi dovevano morire. E ho capito che mi sentivo triste non perché ero solo, ma perché non lo ero. Ero davvero tornato a casa, e con me erano tornati i fantasmi.

Quando l'indomani mattina mi sono svegliato, tutto il peso, la tristezza, la paura, erano ancora lí. Un filo di luce filtrava dagli scuri. Non me la sentivo di muovermi. Ma sapevo come la tristezza sa esercitare una propria forza di gravità, che piú a lungo ti tiene avvinto piú diventa forte. Perciò mi sono alzato e vestito, e ho pagato un autista perché mi portasse in città, a vedere la realtà di quella casa che non conoscevo.

Dakar si muoveva lenta attorno a me, come se le persone avessero raggiunto un accordo con la cappa di caldo che incombeva sulla città. Percepivo quella lentezza e la mia mente cercava di mettersi al passo. I dettagli piú banali suscitavano in me un mondo di domande. Passava un camion con uomini aggrappati alle fiancate e io mi chiedevo se cadesse mai qualcuno, e se nel caso quegli uomini avrebbero rinunciato a quel modo di spostarsi. Osservavo signore anziane stipate in pullman coi paraurti ammaccati e mi chiedevo dove fossero dirette. E ovunque fervevano i commerci: bancarelle e bancarelle con uomini che vendevano magliette o un certo tipo di pane fritto o altri cibi e oggetti. In tutto questo c'era un che di steampunk – un miscuglio fra antiche tradizioni e nuova tecnologia. Uomini sedevano su vecchi sgabelli e dietro di loro si profilavano in lontananza enormi cantieri. Sfacelo ed eleganza si mischiavano. C'erano donne che vendevano angurie di fronte a edifici diroccati in strade cosparse di lattine arrugginite. Mi trovavo in una strada disseminata di buche piene d'acqua e stavo cercando di capire quanto fossero profonde quando i miei occhi si sono posati su un uomo che indossava il piú bell'abito di sartoria che avessi mai visto.

Non me n'ero ancora accorto, ma i fantasmi non stavano piú parlando. Il mare di tristezza si era richiuso, e ora mi sentivo tornato bambino, pieno di domande su ogni minimo dettaglio del mondo intorno a me. Cercavo di non lasciar trasparire il mio senso di meraviglia, sapendo che altrimenti sarei stato indentificato come turista, e che i turisti erano bersagli. Ma evidentemente non ci stavo riuscendo. Un uomo mi ha urlato: – Ehi! Ehi! – Voltandomi ho visto il suo sorriso sdentato. Ha detto: – Adoro Chicago! – Ho ricambiato il sorriso. Lui è venuto a darmi la mano. – Ehi, – ha detto, mentre ancora ci stringevamo la mano. – A Chicago ci ho vissuto! Adoro l'America! – Il mio vecchio istinto da vita di strada si è fatto sentire, e ho capito che stavo per prendermi una fregatura, tuttavia, con mia grande sorpresa, non ho fatto niente per evitarlo.

– Che ci fai a Dakar?

– Volevo vedere l'Africa.

– È la tua prima volta? – Ho sorriso e ho risposto di sí. Lui si è messo a gesticolare entusiasta. Aveva fra le mani un'occasione d'oro, e lo sapeva, e sinceramente lo sapevo anch'io. Cosí ci siamo incamminati, percorrendo alcune strade fino a raggiungere una palazzina di tre piani. L'ho seguito all'interno e mi sono trovato immerso in un mare della stoffa piú bella che avessi mai visto. Pezze di stupendi tessuti stampati, e camicie e vesti fatte con quella stoffa, erano appese alle pareti degli angusti corridoi e impilate in tutte le stanze che attraversavamo. Ho scelto alcuni foulard e altri capi di abbigliamento. Ho chiesto quanto costavano. Il titolare mi ha guardato e ha detto: – Siamo in Africa –. Poi ha tirato fuori una calcolatrice e me l'ha passata. Mi ha fatto digitare il prezzo che volevo pagare, poi mi ha preso la calcolatrice e ha digitato una controfferta. Siamo andati avanti cosí un po' di volte fino a trovare un accordo. Io ho fatto a mente un'approssimativa conversione da franchi Cfa, la valuta senegalese, a dollari, ma ancora non avrei saputo dire se il prezzo che mi aveva fatto era giusto. Sembrava non avere grande importanza. Sono uscito, sentendomi ricco. Ho dato una mancia alla mia guida e me ne sono andato per la mia strada.

Era ora di pranzo. Di nuovo solo, ho trovato un ristorante composto da due stanzette equipaggiate alla bell'e meglio. Non c'era un vero tetto, solo un telone teso sopra le pareti per ombreggiare l'area sottostante. Sono entrato e ho aspettato con una certa ansia poco oltre l'ingresso. I tavoli erano tutti occupati. Ho sentito una sorta di scossa elettrica. Mi sono sempre considerato una persona antiadrenalinica. Soffro di vertigini. Odio le montagne russe. Non capisco che senso abbia giocare d'azzardo, e neanche guardare quei film dell'orrore che ti fanno sobbalzare sulla sedia. Ma quando sono in viaggio vado alla ricerca di questi momenti di spaesamento, i momenti in cui ho bisogno di una cosa, in questo caso mangiare, ma non so bene come procurarmela. Di solito c'è una facile via d'uscita. Sarebbe bastato rifugiarmi in un posto piú familiare, un posto da turisti, magari il mio albergo affacciato su quel triste oceano. Ma c'ero già passato, e ormai conoscevo il grande brivido di una piccola vittoria. E cosí ho aspettato finché una cameriera non mi ha fatto cenno indicandomi un tavolo dove era seduto un uomo che stava finendo di mangiare. Lui ha annuito, e io mi sono seduto. Pochi minuti dopo se n'è andato. Sono riuscito a ordinare in francese e mi sono trovato davanti un piatto bello pieno di pesce e riso jollof, e un bicchiere di karkadè. Ho guardato le persone attorno a me che chiacchieravano coi loro commensali oppure mangiavano con silenziosa ingordigia, e ho sentito di essere stato premiato per aver saputo affrontare quel momento di incertezza. In un certo senso ero arrivato, dopo aver fatto un po' di anticamera.

Tornato in albergo, ho fatto un sonnellino e poi mi sono vestito per andare a cena. Mi era venuto a prendere un collega scrittore, Hamidou Anne. Mentre percorrevamo in macchina la Corniche, il sole ha cominciato a tramontare sull'oceano, e la temperatura ha cominciato a scendere. Nel fresco del tramonto si vedevano parecchie persone che correvano lungo la spiaggia. Siamo di nuovo passati davanti alla zona piena di attrezzi ginnici, ma a quell'ora era gremita di uomini e donne che facevano flessioni, trazioni e piegamenti. Alle spalle degli attrezzi si vedevano campi da calcio e da basket, tutti brulicanti di vita. Non c'era alcun senso di rovina o abbandono – c'ero solo io con le idee che ancora mi assillavano.

Abbiamo mangiato in un piccolo, tranquillo ristorante sul lungomare. Una fila di gradini di ciottoli portava dai tavoli all'oceano. La mia mente è andata di nuovo all'altra sponda di quell'oceano tenebroso, e mi sono rivisto col mio canotto giallo e blu, e ho sentito qualcosa che mi attirava verso l'acqua. E cosí ho sceso i gradini fino a trovarmi proprio sul bordo dell'oceano, dove l'acqua lambiva la riva pietrosa. Mi sono chinato, e quando l'acqua ha preso a scorrermi fra le dita, insieme al freddo delle onde è arrivata la gioia, e ho sentito i fantasmi cantare. Credo di non aver mai provato in vita mia un piú profondo senso di trionfo. Sentivo di avere in un certo senso sconfitto la storia. Ho pensato a tutte le mie innumerevoli progenitrici portate via da questo lato del mondo attraverso il vasto oceano. Ho pensato ai loro sogni irrealizzati di ritorno a casa. Ho pensato alla casa che, nonostante tutto, avevano cercato di costruirsi sull'altra sponda. Avevo portato con me una parte di tutte loro, di ognuna di loro. Ed ero tornato. E guardando quella spiaggia rocciosa ho sentito che la terra stessa mi parlava, e mi chiedeva: *Cosa è stato a trattenerti cosí a lungo?*

Già, cosa?

Si tratta di nuovo della foresta – dei limiti del genio, del bisogno di percorrere il territorio, e non solo intuirlo e ipotizzarlo dai margini. Le parole hanno tante dimensioni: ritmo, contenuto, forma, sentimento. E anche il mondo esterno. La concretezza della vita, nella sua scomoda imperfezione, dev'essere vista e percepita coi sensi, cosí che lo spazio della vostra mente, grigio, squadrato e schematico, si riempia di colori, pieghe e sfumature – le buche nelle strade, i paraurti ammaccati, il pane fritto, le pareti di tessuti, il piatto ricolmo di riso e pesce. Ma il colore non è solo nel mondo fisico che osservate, ma nell'unicità della relazione fra quel mondo e la vostra coscienza: la vostra interpretazione, la vostra soggettività, le cose che notate in voi stessi. Il mio stupore vedendo gli africani che facevano jogging sulla spiaggia, o un percorso ginnico in stato di abbandono che si rivelava invece uno splendido esempio di spirito civico, per dirne una, mostra qualcosa di importante non solo sul mondo che stavo cercando di descrivere ma anche su di me, le mie paure e i miei dubbi.

L'indomani ero di nuovo a pranzo in riva al mare. Stavo mettendo a punto un rituale in cui – anche quand'ero solo – mi concedevo qualche istante di solenne meditazione. La giornata era perfetta. Calda come al solito, ma ormai l'africano in me stava emergendo, e cominciavo a comprendere le virtú dell'ombra e del muoversi con lentezza. Sono riemerso dalle mie meditazioni e ho ordinato un piatto di yassa di pesce, riso e platani. Poi ho osservato un gruppo di ragazzi che affrontavano l'oceano distesi sulle tavole da surf in attesa dell'onda giusta, poi si tiravano in piedi e la cavalcavano. Ancora adesso li rivedo nella mente, alti e allampanati, le braccia sottili che mulinavano nell'aria, spinti dalla loro audacia giovanile a ignorare il pericolo degli scogli nelle vicinanze. I Neri americani che sono stati in Senegal parlano spesso della bellezza delle persone. Intendono la bellezza fisica – e cioè che le persone senegalesi sono fra le piú attraenti che abbiano mai visto. Ed è vero; sono bellissime. Perciò dovevo sforzarmi molto per non fissare la gente. Anche la cameriera che mi serviva quel giorno, coi dreadlock che le incorniciavano il capo come una corona, era sensazionale, e proprio per quegli stessi tratti fisici per cui noi siamo portati a pensare di non esserlo. A Dakar ovunque andassi restavo sbalordito – troppo sbalordito, penso ora. Tutto questo parlare della bellezza dei senegalesi, il tono con cui se ne parla, tradisce una profonda insicurezza, un meravigliarsi del fatto che la parte piú profonda e nera di noi sia davvero bella.

Anche questo dipende dall'ombra della negrologia. Perché l'Africa non è solo l'origine geografica delle nostre traversie; è il perno delle argomentazioni usate per legittimare quelle traversie. Negli Stati Uniti la razza padrona praticava, come si diceva allora, lo «schiavismo africano», e quando entrò in guerra per salvare quell'istituzione, lo fece con una storia sulle labbra e un lasciapassare in mano: lo schiavismo doveva continuare e le razze dovevano restare separate per proteggere «mogli e figlie» dalla «contaminazione e violazione» causate della «lascivia degli africani semi-civilizzati». Già prima di quella guerra, lo schiavismo veniva presentato come conforme alla volontà divina, come un tentativo di salvare «gli africani provenienti da una condizione barbara e da un clima tropicale» trasformandoli nelle «persone piú felici sulla faccia della terra». Nelle memorie del suo viaggio in Africa, Teddy Roosevelt descriveva un continente di «selvaggi scimmieschi» che nel migliore dei casi erano giunti agli «stadi piú avanzati della barbarie» sviluppando «una forma molto primitiva di semi-civiltà». Quello di Roosevelt non era solo un meschino pregiudizio, ma una visione di piú vasta portata, una storia che avrebbe fatto comprendere a chi la leggeva come «in questa particolare nuova terra il progresso e lo sviluppo dipendano esclusivamente dal dominio esercitato dai bianchi». Ed è da questa idea fondante di «uomini scimmieschi», «africani semi-civilizzati» e «barbari tropicali» che si sviluppa l'universo iconografico della negrologia: i Gold Dust Twins, i cereali Korn-Kinks, il tabacco Nigger Head e Nigger Hair, Sambo, Uncle Ben's, Aunt Jemima e Marse Chan – stereotipi intesi a degradare il nostro mondo ed esaltare il loro.

Penso alla Pauline di Toni Morrison che sta per partorire una bambina Nera. Penso al suo cercare una via di fuga nei film, nelle storie.

> Là al buio le si risvegliava la memoria e si abbandonava ai sogni di un tempo. Accanto all'idea dell'amore romantico gliene veniva presentata un'altra: la bellezza fisica. Forse le due idee piú distruttive nella storia del pensiero umano. Originate entrambe dall'invidia, prosperate nell'insicurezza e destinate a soccombere nella disillusione. Paragonando la bellezza alla virtú, lei si svuotava la mente, la impegnava e accumulava palate di disprezzo per se stessa.

Penso a come Pauline dà voce alla futilità di questa fuga:

> Mi ricordo che una volta sono andata a vedere Clark Gable e Jean Harlow. Ero pettinata come lei, l'avevo vista su una rivista. Tutti da una parte con un ricciolino sulla fronte. Ero proprio uguale. Be', quasi uguale. Fatto sta, ero lí seduta al cinema con i capelli tirati su in quel modo e mi divertivo un mondo. Avevo deciso di rivedermelo tutto fino alla fine e mi sono alzata per prendere delle caramelle. Mi stavo sedendo di nuovo al mio posto e do un bel morso alla caramella, e questa mi fa saltare un dente. Mi è venuto da piangere. Avevo i denti buoni io, uno marcio neanche a pagarlo. Non credo che sono mai riuscita a mandarla giú.

> Ed eccomi lí, incinta di cinque mesi che cercavo di sembrare Jean Harlow, e un dente davanti andato a farsi benedire. E con lui se n'era andato tutto. Da lí in poi non mi è importato piú di niente. Me ne sono fregata dei capelli, li ho raccolti in una treccia e mi sono rassegnata a essere brutta.

Morrison mostra una donna Nera che aspira alla bellezza bianca, ma non solo a una vaga, astratta bellezza bianca. È Jean Harlow il perno dell'affermazione di Morrison che la «bellezza fisica» è «forse l'idea piú distruttiva nella storia del pensiero umano». È un'affermazione tonante, resa ancor piú tonante dall'uso del contrasto: il superlativo («la piú distruttiva») esaltato dall'incertezza («forse»), come sale marino sul cioccolato fondente.

Il «forse» di Morrison è ironico – un'attenuazione che non attenua niente. Ma quel che dà sostanza a queste idee è la specificità del modo in cui si concretizzano nella vita di Pauline i particolari della sua storia e del suo linguaggio – la scriminatura e arricciatura dei capelli, la caramella che le rompe un dente, la gravidanza, e la semplice, devastante constatazione che «se n'è andato tutto». È una donna la cui condizione è dettata da un ordine discriminatorio a sua volta dettato da una storia discriminatoria: «Una bambina nera che desidera gli occhi azzurri di una bambina bianca, e tutto l'orrore nel profondo di questo desiderio non è niente rispetto al male della sua realizzazione».

L'indomani sera sono di nuovo andato con Hamidou e sua moglie Khanata nel ristorante col dehors e i gradini di ciottoli che portavano al mare. Li ho scesi nel buio e mi sono dedicato al mio rituale di meditazione, questa volta allungando un braccio e lasciando che l'acqua mi lambisse la mano. Poi sono tornato indietro e ho preso posto al tavolo coi miei commensali.

Ho ordinato una birra. Adesso l'oceano era visibile solo quando la spuma bianca delle onde si infrangeva contro gli scogli. La mia idea di Africa come sogno remoto si andava dissolvendo mentre sedevo davanti a due specifici africani, due individui che erano arrivati a piacermi molto come persone – la loro spigliatezza, il loro senso dell'umorismo. Eravamo uniti da traumi di colonialismo e schiavismo fra loro correlati. Ma ancora adesso mi domando cosa ci fosse davvero fra noi e cosa fosse una mia proiezione, e se quella sensazione di aver ritrovato fratelli da tempo perduti fosse reale o immaginaria.

Su questo punto ci affidavamo al senso dell'umorismo, scherzando sul modo in cui la maggior parte degli africani, che non hanno mai conosciuto la legge secondo cui per essere definiti Neri bastava «una sola goccia di sangue», vedono gli afroamericani. Le distinzioni erano piuttosto arbitrarie. LeBron James era Nero. Beyoncé era mista, pur avendo, in base alla definizione statunitense, due genitori Neri. Suo marito Jay-Z era Nero perché era un «rapper» e non un «cantante». Analogamente, Steph Curry, nonostante avesse due genitori Neri, sarebbe stato misto, ma giocava a basket, quindi era Nero. Sua moglie, però, era mista.

E io? – Tu, Ta-Nehisi, sei misto, – ha risposto Khanata, ridendo. – Senti, capisco cosa intendete con Nero in America. Capisco che lí tu sei Nero, ma qui sei misto. È cosí che noi vediamo la maggior parte dei Neri americani.

Non so cosa dica di me il fatto che mi sia limitato a ridere e a bere un sorso di birra. Forse perché mi sentivo predicare con nonchalance il mio stesso vangelo, ovvero l'idea che la razza sia una costruzione sociale. Forse stavo pensando ai miei amici Neri americani e a tutte le nostre battute sui test del Dna e su chi di noi si può dire africano al cento per cento (nessuno). E poi la voglia di ridere ci è passata.

Khanata ha puntualizzato che in Senegal quell'aspetto «misto» è apprezzatissimo. Noi Neri americani siamo considerati cool, fascinosi e anche belli *proprio perché siamo misti*. E molte donne senegalesi fanno delle cose – dal lisciarsi i capelli allo schiarirsi la pelle – proprio per ottenere quell'aspetto «Nero americano/misto». Questo mi ha sorpreso. La regola di «una sola goccia di sangue» ci aveva forgiato, e poi aveva attraversato l'oceano per forgiare loro, al punto che, anche lí in Senegal, Pauline anelava a somigliare a Jean Harlow. Solo che in questo caso Jean Harlow eravamo noi. E mentre sedevo lí coi miei fratelli perduti e ascoltavo Khanata, mi è venuto in mente che l'aspetto «misto» che loro tanto apprezzano era in sé un segno delle nostre traversie, un'eredità dello stupro di massa che getta la sua ombra su tutte quelle battute sui test del Dna che faccio coi miei amici. Ovviamente, in quanto Nero americano questo apprezzamento per la pelle chiara non mi era nuovo, ma imbattermi in quell'idea lí, scoprire che anche «a casa» Pauline non sarebbe stata al sicuro, è stato agghiacciante. Ero tornato al punto di partenza di tutti noi per vedere i miei fratelli perduti, quelli che non erano stati venduti e ridotti in schiavitú. Ma, naturalmente, il lasciapassare era arrivato prima di me.

L'indomani mattina mi sono alzato presto per prendere il traghetto delle sette, che mi avrebbe portato all'isola di Gorée. Mi avevano detto che, se prendevo il primo traghetto, avrei trovato meno turisti. Il sole non era ancora sorto. Faceva fresco. Per poco non ho perso la nave, perché avevo lasciato il telefono in camera. Il mio autista ha dovuto riportarmi di corsa in albergo e poi di nuovo di corsa fino al porto. Sono arrivato appena in tempo perché gli addetti alle manovre mi caricassero di peso sul traghetto. Ho fatto tra me e me qualche battuta di cattivo gusto sull'ultima volta in cui un gruppo di africani aveva caricato di peso la mia gente su un'imbarcazione. Credo di dover precisare che anche quest'idea di Dakar come origine dell'America Nera è una storia, un'invenzione. Un'invenzione collettiva, un'origine immaginata e sognata per riempire il vuoto del nostro popolo, a cui hanno detto che veniamo dal nulla e quindi non abbiamo fatto nulla e quindi non siamo nulla. Gorée e la sua cosiddetta «porta del non ritorno» soddisfano questo bisogno – una toppa fabbricata su misura per il buco nella nostra storia. Ma ormai è stato appurato che pochissime fra i milioni di persone ridotte in schiavitú passarono davvero attraverso quella porta. Tutto questo lo sapevo. Eppure, anche in questo caso, non c'era consapevolezza storiografica che potesse impedirmi di provare quello che ho provato nel momento in cui l'imbarcazione si è allontanata dalla costa dell'Africa, si è allontanata da casa.

Non c'era nulla di particolarmente romantico nelle acque fra la terraferma del Senegal e l'isola a poca distanza dalla costa. Vedevo grosse navi, forse petroliere, alcune apparentemente abbandonate o comunque in cattivo stato. Ma era una mattinata limpida e bella. A bordo c'erano pochi altri passeggeri. Sono salito sul ponte superiore, dove potevo stare da solo col mare. E poi l'ho vista spuntare da dietro le navi industriali, un'isola luminosa punteggiata di case variopinte e sormontata da un forte di pietra. Gorée.

Ogni anno un gruppo di attivisti scende in Alabama per rimettere in scena il piú celebre episodio di martirio del movimento per i diritti civili, la Domenica di Sangue e la marcia attraverso il ponte Edmund Pettus. Non avevo mai colto il senso di quella messa in scena rituale di un trauma. Ma sul ponte di quella nave che si avvicinava all'isola, ho finalmente capito. È un pellegrinaggio. E in quel momento, avvicinandomi a Gorée, io ero un pellegrino su una via ancestrale, diretto verso l'inizio del tempo, non solo quello della mia nascita, ma quello della nascita del mondo moderno.

L'isola era tranquilla, solo qualche abitante che passeggiava lungo la riva. I negozi nei pressi del porto erano tutti chiusi. Una donna ci ha osservato sbarcare e si è avvicinata per dirmi, in perfetto inglese, che aveva una bottega nelle vicinanze, dando l'impressione di aspettarsi che sicuramente ci sarei passato prima di finire il mio giro. Ho riso e sono passato oltre. Poi si è avvicinato un signore e si è offerto di farmi da guida. Ho rifiutato e sono stato contento di averlo fatto. A quel punto ero travolto da pensieri ed emozioni, avevo bisogno di analizzarli, di comprenderli, e mi sembrava che partecipare a un giro turistico standard, con la sua litania di località imperdibili, avrebbe ostacolato i sentimenti che stavo provando in quel momento, un momento di cui non avevo neanche mai pensato di aver bisogno.

Mi sono incamminato verso sud lungo una via acciottolata, ascoltando le capre che belavano e i galli che cantavano in lontananza. Provavo un profondo senso di calma. E poi, al fondo della strada, ho trovato una collinetta e sono salito fino in cima, e da lí ho guardato il mare. Vedevo le onde che lambivano la costa, e di nuovo mi ha preso la solita tristezza che durante quel viaggio provavo ogni volta che guardavo il mare. Nella mia mente, stavo ripercorrendo un'epopea cominciata cinquecento anni prima, quando erano stati portati via i primi di noi. Da quel singolo atto avevano avuto origine intere visioni del mondo, sistemi educativi, movimenti politici, guerre e opere letterarie. E una profondissima sofferenza. Stando su quella collina, la sentivo come una cosa personale. La mia mente è tornata a Baltimora, al disegno, a mio padre che cercava di emanciparsi attraverso la lettura. Quel momento è stato interrotto dalla guida – a quanto pareva un tour avrei dovuto farlo, volente o nolente. Questa volta ho accettato, concedendomi quell'esperienza, riconoscendo che quell'esperienza non poteva appartenere soltanto a me. Quando abbiamo finito, gli ho dato un po' di franchi Cfa e poi sono passato a comprare qualche manufatto dalla donna al mercato.

Mentre tornavo da Gorée sul traghetto che solcava le onde, sono rimasto sbigottito accorgendomi che per la prima volta gli occhi mi si stavano riempiendo di lacrime. Mi sentivo ridicolo. Gorée era un luogo di partenza mitologico, eppure mi aveva commosso. Ricordo quello che vi ho detto: non attribuite un significato a trucchi come quelli, non confidate in sentimenti slegati da prove concrete, in un mondo che evita le note a piè di pagina. Sono gli effetti dell'empirismo che ho appreso studiando a Howard, alla Douglass Hall, dove i miei professori di storia mi spedivano a consultare saggi e riviste accademiche. E anche a contatto con la piú vasta comunità del District of Columbia, anche fuori Howard, dove incontravo quello stesso scetticismo negli irascibili poeti alla cui scuola mi abbeveravo, poeti che amavano solo una cosa piú dello scrivere, e quella cosa era discutere. E poi lo stesso atteggiamento l'avevo ritrovato nel mondo del giornalismo, in direttori secondo cui, se in quello che scrivevamo c'era della magia, questa derivava dalle strade in cui avevamo camminato, dalle citazioni che ci eravamo appuntati e avevamo controllato e attribuito alle fonti corrette. E infine quell'empirismo proveniva da mio padre.

Nel mio mondo c'erano adulti che consideravano il nazionalismo una religione, vale a dire una serie di risposte pronte sia per la politica sia per la vita. Ma mio padre non si adeguava. Era scettico e irriverente e, come il suo santo patrono Malcolm X, era alla ricerca, sempre alla ricerca. La sua classica mossa, quando ero ancora alle prese con la storia di Darryl Stingley e lui mi aveva spedito in biblioteca, lasciando che fossero i libri a parlare al posto suo, rifletteva la sua fede piú profonda. Lui credeva che la risposta a qualunque cosa si trovasse nei libri, vale a dire nella memoria storica. Ripenso a quel disegno che lo ritrae. Un paio di mesi dopo si sarebbe iscritto all'università, e nel giro di qualche anno si sarebbe trovato a lavorare come bibliotecario ricercatore. Ora ha piú di settant'anni, ma lo potete ancora trovare seduto in poltrona con un libro, a fare ricerca. A cercare di imparare.

Qualche settimana dopo il mio ritorno, mi ha chiamato. Aveva appena finito un libro sulla storia della ribellione degli schiavizzati nella Guyana del diciottesimo secolo. Gli era piaciuto, però l'aveva addolorato il modo in cui si era conclusa la ribellione – non solo con una sconfitta, ma coi leader che si rivoltavano l'uno contro l'altro finendo per collaborare con le stesse persone che li avevano schiavizzati. Sospirava mentre me lo raccontava, e ha detto: – Mi sa che in Africa non ci torneremo piú –. Non intendeva in senso fisico. Si riferiva all'Africa della nostra immaginazione, il glorioso Eden che avevamo sognato nell'esilio, un luogo senza *Mayflower*, padri fondatori, conquistadores e i tanti modi in cui eravamo stati corrotti. Quell'Africa non la riusciva piú a immaginare, perché la corruzione non ci era stata imposta, ma faceva parte di noi, di quell'umanità che ci era stata negata. A questo l'aveva condotto la sua ricerca scettica: non sulle rive di un'utopia perduta, ma alla fredda realtà della fallibilità umana. Eppure io ero lí, su quel traghetto da Gorée, con gli occhi umidi, in lutto per qualcosa, in balía di un sentimento a cui ancora adesso, mentre scrivo, fatico a dare un nome.

Ecco quello che penso: abbiamo diritto alla nostra tradizione immaginaria, ai nostri luoghi immaginari, e queste tradizioni e questi luoghi sono ancora piú potenti se ammettiamo che sono immaginari. Gorée è il nome di un luogo che la mia gente ha consacrato, una rappresentazione simbolica della nostra ultima tappa prima del genocidio del Middle Passage e della rinascita, prima, come ha scritto una volta Robert Hayden, del nostro «viaggio attraverso la morte | verso la vita su questi lidi». Abbiamo diritto a quella memoria, a scegliere la roccia di Gorée, a consacrarla, a piangere al suo cospetto, a essere in lutto per ciò che significa. E abbiamo diritto a immaginarci come faraoni, però abbiamo anche la responsabilità di chiederci se i faraoni siano all'altezza dei nostri bisogni, dei nostri sogni, della nostra immaginazione.

Ero andato in Senegal nel silenzio e nella solitudine, come un uomo in visita sulla tomba di un eventuale antenato. Con l'eccezione di Hamidou, Khanata e i loro adorabili figli, ero stato sempre da solo, passeggiando e gironzolando, rattristandomi e meravigliandomi, perciò la Dakar che avevo visto non era tanto una città di persone ma, come Gorée, un monumento all'ultima tappa prima che venissimo riplasmati. Adesso mi viene da pensare che ero andato a vedere una parte dell'Africa ma non gli africani. E in effetti, in quasi tutti gli incontri che avevo avuto con persone reali mi ero ritrovato, come a Gorée, a cercare il conforto della mia immagine riflessa. Verso la fine del viaggio, i limiti di questo approccio hanno cominciato a diventare palesi. Ora mi rendevo conto della profonda mancanza di curiosità dell'approccio di un uomo che si ostina a percorrere le stanze della sua casa d'infanzia cercando di entrare in comunione spirituale coi fantasmi, indifferente alle persone che la abitano adesso. E cosí l'ultima sera Hamidou e Khanata hanno organizzato un ritrovo di attivisti e scrittori. Ammetto che non sapevo cosa aspettarmi, né da me né da loro. Ci siamo seduti in cerchio a bere tè e mangiare *pastel*. Abbiamo fatto un giro di presentazioni, in francese. Ho tenuto duro fino a metà serata, prima che il mio cervello fosse troppo stanco e passasse all'inglese. Ma nessuno me ne ha fatto una colpa. Sorridevano tutti. Erano persone come quelle del mio giro – attivisti contro la corruzione dello Stato, giornalisti che denunciavano la crescente omofobia. Ma erano anche qualcosa di piú.

Noi Neri siamo, qui e lí, vittime dell'Occidente – non godiamo davvero dei benefici del suo decantato liberalismo, ma veniamo blanditi quanto basta per essere ammaliati dalle sue promesse. Conosciamo la bellezza di questa dimora: i gradini in pietra calcarea, le perlinature, i bagni in marmo. Però sappiamo che è una dimora infestata, che c'è sangue nei mattoni, e ci sono fantasmi in soffitta. Sappiamo che è una condizione tragica e comica al tempo stesso. La nostra vita e la nostra cultura – la musica, la danza, la letteratura – si sono formate in questo spazio assurdo oltre le mura della «civiltà». È questo il nostro potere collettivo:

> Tutte le classi di un popolo sottoposto a una pressione sociale sono permeate da un'esperienza comune; sono emotivamente saldate fra loro come ad altri non può accadere. Per loro, anche la vita quotidiana ha una profondità epica e un'intensità lirica; e

questo, il loro handicap materiale, è il loro vantaggio spirituale. E cosí, in un'epoca in cui l'arte è diventata monopolio di classi, cricche e consorterie, e la vita manca sempre piú di un vitale sostrato comune, l'artista Nero, grazie alla sua esperienza collettiva e personale, si trova fra le mani quella che ha quasi le caratteristiche di un'arte classica.

Il nostro Alain Locke, il grande promotore dell'Harlem Renaissance, ha definito questa posizione il nostro «vantaggio spirituale», ma preferisco l'espressione che usa un paragrafo piú avanti: il nostro «vasto retaggio spirituale da cui sono venuti e devono venire i nostri risultati migliori». Sento che le cose assumono il loro piú alto significato quando entro in comunione con coloro con cui condivido questo retaggio, con coloro che ben comprendono il fuoco che infiamma le nostre parole.

Quell'ultima sera ero circondato da altre persone che conoscevano quel fuoco. Persone che non avevano bisogno di sentirsi spiegare le ipocrisie, le menzogne, la negrologia. Io conoscevo lo schiavismo e la segregazione razziale, e loro conoscevano la conquista e il colonialismo. Ed eravamo uniti da un fatto ineludibile: la prima parola scritta nel lasciapassare dei saccheggiatori è *Africa*. Un giorno a unirci ci saranno altre cose, e forse già ci sono: nell'afrobeats e nell'amapiano. E forse ci sono sempre state: nel jazz e negli elaborati rituali delle nostre strette di mano. E le cose stanno prendendo direzioni inaspettate.

So quello che ho detto sulla chiarezza, sul cartografare forma e contenuto delle parole. Ma confesso di non aver ancora trovato le parole per esprimere quel legame. A metà della nostra serata si è unita alla festa una giovane donna, sui vent'anni e qualcosa. Io ero seduto nel cerchio e stavo rispondendo alle domande. Lei è rimasta in piedi, con un'espressione meravigliata, poi si è seduta accanto a me. Ho risposto ancora a qualche domanda, quindi lei ha alzato la mano e me ne ha rivolta un'altra. Si è presentata come Bigue Ká e mi ha detto che stava per laurearsi all'università Cheikh Anta Diop, con una tesi sui miei libri. Poi mi ha fatto una domanda, ma non me la ricordo. Ora toccava a me essere meravigliato: ero lí, sull'altra sponda, con la mia famiglia da cui ero diviso da secoli. Ero tornato. Ma i miei scritti erano arrivati prima di me.

III. Portare la croce in fiamme

> Potevamo avere un'istruzione sui libri solo rubandola. Il padrone aveva portato da Cincinnati alcuni schiavi che avevano lavorato nelle case dei bianchi. Avevano rubato un po' di istruzione e quando sono arrivati da noi ci hanno passato quello che sapevano. Noi non potevamo avere né carta né matita. Io il mio abc l'ho imparato senza. So leggere e non sono mai stato a scuola in vita mia. C'era una donna di nome zia Sylvia. Era cosí in gamba che sapeva già prima le cose che poi succedevano.
>
> ANONIMO

Qualche anno fa, mentre ero a Baltimora per le vacanze, mi sono capitate fra le mani alcune mie cose di quand'ero bambino. Era Natale. Avevamo appena finito di mangiare, e i miei si stavano preparando per andare a casa di mia sorella, appena dietro l'angolo, a bere, ridere, raccontarsi aneddoti e passare un po' di tempo in allegria. Io ero andato a dare un'occhiata in una stanzetta sul retro, che in passato veniva usata da mio padre come sede della sua piccola casa editrice, e all'epoca da mia madre come ripostiglio. C'erano pile di scatoloni e uno scaffale con carte varie e un paio di quaderni bianchi e neri che ho riconosciuto come miei. Ne ho aperto uno e ho trovato pagine e pagine di quella scrittura a zampe di gallina che faceva saltare i nervi ai miei insegnanti delle elementari – parole tutte appiccicate le une alle altre, lettere che precipitavano giú dalle righe azzurre. Mi sono soffermato su una pagina di matematica. C'erano due righe di addizioni e sottrazioni, ma le cifre, invece di starsene in bell'ordine al loro posto, sembravano impegnate in un match di wrestling. Sono passato a un'altra pagina, dove avevo cercato di svolgere un compito apparentemente facile: copiare una serie di frasi sul quaderno. Sembrava sanscrito. E al fondo c'era una nota in rosso rossetto: «Oggi Ta-Nehisi era irrequieto. Ha faticato a seguire la consegna». La pagina era datata 18 febbraio 1982. Avevo sei anni, e già cominciavo a sospettare di avere qualcosa che non andava.

Difficile evitare quella conclusione. Tutti concordavano sul fatto che fossi un bambino abbastanza intelligente. Prendevo buoni voti. Quando non sapevo cosa fare, leggevo per conto mio. Mentre i miei compagni di classe si impappinavano su ogni sillaba del «Weekly Reader», io macinavo parole plurisillabiche. Ma riguardo alle basi di quello che veniva richiesto dalla scuola – star seduto composto, ascoltare le consegne, camminare in fila indiana, alzare la mano per chiedere di andare in bagno, tenere nel portapenne il numero giusto di matite, temperini e gomme – non ero mai all'altezza. Dalle elementari passai alle medie e alle superiori, dalle matite alle penne, dai righelli ai goniometri, ma il mio rendimento restò immutato. Le pagelle testimoniavano di un allievo problematico che non avrebbe dovuto esserlo – un ragazzino apparentemente «sveglio» eppure «irrequieto», che «perdeva tempo», la cui «condotta» lasciava a desiderare, e che non riusciva a «seguire la consegna».

Mi sono sempre vergognato del fatto di non rendere quanto avrei potuto, di avere una sola cosa da fare e non riuscire a farla. Guardare quei quaderni ha risvegliato in me quel senso di vergogna, legato non solo alle mie nebulose aspettative, ma ai piú concreti obiettivi dei miei genitori in costanti difficoltà economiche. Avrei voluto che fossero fieri di me e, anche se all'epoca non avevo le parole per dirlo, sentivo il peso della loro disapprovazione. Credo di dover aggiungere che ho mostrato quei quaderni ad alcuni amici, e loro mi hanno detto che trasudano da ogni poro disturbo da deficit di attenzione. Questi amici sono tutti piú giovani di me, e sono nati – come voi – in un'epoca di terapie, consulenze psicologiche e farmaci. Il fatto che ancora adesso, a quarantotto anni, mi ci voglia una concentrazione spasmodica per scrivere a mano una frase senza uscire dalle righe di un quaderno, e che debba scriverla in maiuscolo se voglio essere in grado di rileggerla, mi fa pensare che abbiano ragione. A volte mi chiedo come ho fatto, come diamine è possibile che un bambino incapace di scrivere il suo nome in modo intelligibile sia diventato uno scrittore. Presumo che la risposta stia nel miracolo del word processor. Ma quand'ero ragazzo l'arrivo di una tecnologia capace di salvarmi non era affatto scontato. E la scuola non era soltanto un luogo di istruzione: era la prima e ultima possibilità. A quanto vedevo, non è che i ragazzi Neri che venivano bocciati tirassero avanti passando a qualcosa di meglio. Il piú delle volte, non tiravano avanti affatto.

Credo che quel che ci veniva insegnato fosse, piú che un corpus di conoscenze, un modo di stare al mondo: ordinato, organizzato, attento alle consegne. Di per sé non era sbagliato sviluppare queste competenze – anch'io, volente o nolente, ho imparato quanto possano essere utili. Però era sbagliato farne un feticcio, considerarle piú importanti del corpus di conoscenze trasmesso nelle lezioni di algebra o letteratura inglese, trasformando il contenuto dell'insegnamento in una specie di articolo civetta. Questo mi frustrava, perché imparare mi piaceva davvero – e di conseguenza imparavo di piú quando non ero seduto al mio banco, quando idee e concetti si incarnavano in qualcosa di concreto.

Mi piacevano le uscite al Walters Art Museum, al Maryland Science Center o al National Aquarium. Mi piacevano le ricerche e le schede sui libri in cui ero libero di appropriarmi della conoscenza nel modo a me piú congeniale. In terza mi fecero seguire un corso di scienze per bambini «dotati». Ricordo uno dei primi compiti a casa: dimostrare il concetto di «adattamento» biologico immaginando e creando un animale evolutosi in risposta all'ambiente. Mia madre – col suo solito temperamento artistico – mi comprò dei colori, prese dei vecchi numeri del «Baltimore

Sun» e mi insegnò a fare la cartapesta. Cosí equipaggiato, realizzai un pesce a forma di squalo dipinto in diverse sfumature di blu e nero per mostrare come si era adattato: sviluppando la capacità di cambiare colore per mimetizzarsi nell'oceano. Avevo imparato qualcosa, e la lezione era stata cosí indelebile che, ancora oggi, ogni volta che leggo la parola «adattamento» vedo il mio squalo immaginario negli abissi oceanici.

Tuttora, quando studio una lingua straniera, per imparare a memoria una parola devo contestualizzarla in una serie di frasi, associarla a un'immagine o, meglio ancora, a una storia. Qualche anno fa ho dovuto ripassare la matematica che si fa alle medie e ho scoperto di riuscire a trattenere le informazioni solo se strappavo i numeri alla loro astrattezza e li mettevo in relazione col mondo che conoscevo, cosí che l'integrale −236 diventava un prestito bancario, chili di coca in conto vendita, un mezzadro tremante all'emporio della piantagione. Intendo dire che, come capita a molte persone, ricordo meglio un concetto quando posso analizzarlo e trovargli una collocazione nel mondo reale. In questo senso sono fortunato ad aver trovato la scrittura, una forma che deve necessariamente trasformare l'astratto e il remoto in qualcosa di tangibile e concreto.

E credo di non essere il solo. Ricordate l'articolo di Kathryn Schulz *The Really Big One*, che abbiamo letto durante il seminario? L'argomento era chiaro e importante: prima o poi arriverà uno tsunami che devasterà il Pacifico nordoccidentale. Però non si sa quando, potrebbero volerci secoli. Come si fa a suscitare interesse per una catastrofe che potrebbe anche non avvenire nell'arco della vita di chi legge o di qualunque suo conoscente?

Per Schulz il primo passo è relegare sullo sfondo la terminologia specialistica – «tettonica a placche», «piattaforma continentale», «subduzione» –, perché la terminologia specialistica annebbia la mente, e chiarire invece i concetti ricorrendo a fenomeni del mondo di tutti i giorni.

Nel suo articolo, i terremoti non vengono misurati solo sulla scala Richter, ma anche con le lancette di un orologio che ticchetta, e vengono descritti con tutta la violenza che l'argomento comporta. «C'era gelo nell'aria, e fiocchi di neve, ma non c'era neve per terra, e nemmeno, a quanto sembrava, c'era terra per terra, – scrive Schulz. – Gli alberi vibrano, i pennoni sferzano e gli edifici oscillano avanti e indietro di trenta centimetri alla volta, scavando una trincea nel cortile».

Poi delinea un possibile futuro per farci percepire cosa potrebbe succedere se ci sarà uno tsunami:

> Se accadrà di notte, la catastrofe si svolgerà al buio. [...] La nonchalance andrà in pezzi all'istante, e anche ogni oggetto di vetro. [...] I frigoriferi cammineranno uscendo dalle cucine, staccandosi dalla presa e ribaltandosi in avanti. [...] Alla deriva sul terreno ondulante, le case cominceranno a crollare.

Il linguaggio è surreale ma lo shock di quel contrasto dà vita all'inanimato. I verbi al futuro conferiscono al disastro in arrivo quell'inevitabilità di cui attraverso le sue ricerche l'autrice si è convinta. E poi ci sono le frasi studiatamente ritmiche, capaci di evocare con efficacia suoni e immagini: «se dovesse accadere di notte, la catastrofe si svolgerebbe al buio» o «la nonchalance andrà in pezzi all'istante, e anche ogni oggetto di vetro».

Queste frasi mi sono rimaste impresse, e cosí, come la parola «adattamento» è per me collegata a una specifica creatura, l'espressione «evento sismico» evoca vetri che vanno in pezzi, frigoriferi che camminano e il terreno ondulante (bellissima parola). Di nuovo, ho imparato qualcosa.

Il che mi riporta alle mie traversie scolastiche. *Che cosa si presumeva che imparassi?* Questa domanda avrebbe una risposta ovvia – le coniugazioni, l'ortografia, la grammatica, le date della storia americana – ma non sono sicuro che si trattasse di questo. Ogni anno il nostro sistema scolastico promuove col massimo dei voti studenti che per anni hanno studiato una lingua straniera ma riuscirebbero a stento a comunicare con un madrelingua. E questo perché non studiano la lingua con lo scopo di parlarla. Studiano invece la parte della lingua che piú si presta a schede didattiche e interrogazioni lampo: coniugazioni, vocabolario, declinazioni. Queste conoscenze cosí maneggevoli hanno un loro valore, ma scisse dalla vita quotidiana sono solo teoria. Un po' come imparare a nuotare leggendo e memorizzando i vari movimenti dello stile libero senza mai buttarsi in acqua.

Perché insegniamo ai nostri studenti in questa maniera? Torno all'idea che vedere il mondo chiaramente porta a un agire piú chiaro. Vi ho fatto studiare *The Really Big One* per mostrarvi con quali mezzi Kathryn Schulz fa una cosa difficile e necessaria: fondere bellezza e politica in un modo che ci schiarisce la visione e chiarisce quello che dovremmo fare. Ora che riesco a vedere tutta la portata di questo disastro e il terrore che inevitabilmente susciterà, e ora che comprendo che questo sarà prima o poi il destino di una grossa fascia della costa occidentale del mio paese, è naturale che mi chieda cosa sta facendo il nostro governo in proposito.

Ma ci sono persone che preferirebbero che una simile domanda non venisse posta, che il mondo e i suoi affari fossero riducibili a schede didattiche e interrogazioni lampo. Paulo Freire ha scritto della concezione «bancaria» dell'istruzione, in cui gli studenti sono trattati come ricettacoli per le informazioni e giudicati in base all'efficienza – alla «docilità» – con cui «ricevono, memorizzano e ripetono» quelle informazioni. L'insegnante trasmette informazioni allo studente e lo studente viene premiato se le ripete. Ma il mezzo è il messaggio, ciò che gli studenti imparano non sono solo i fatti che memorizzano, ma anche l'intento di quella conoscenza:

> Quanto piú gli studenti diventano abili nell'archiviare il materiale ricevuto, tanto meno sviluppano la coscienza critica che li porterebbe a intervenire nel mondo come persone capaci di tra-

> sformarlo. Quanto piú accettano il ruolo passivo loro imposto, tanto piú tendono ad adattarsi al mondo cosí com'è e alla visione frammentata della realtà depositata dentro di loro.

Questo mi rende triste in molti modi diversi. Provo la tristezza di trovarmi di nuovo in terza elementare, di deludere i miei insegnanti e i miei genitori, di chiedermi cosa c'è che non va in me. Provo la tristezza di sapere che i miei genitori e i miei insegnanti hanno fatto del loro meglio. E infine provo la tristezza di sapere che eravamo tutti in balía di una concezione bancaria, e che, ancora oggi, ci sono giovani che fanno fatica per colpa di questa concezione, giovani a cui viene detto che il loro sogno di diventare scrittori o artisti o anche solo persone istruite dipende dalla loro capacità di stare seduti fermi dentro una scatola, mentre, per molti di noi, è vero il contrario.

Non ho mai voluto essere quel tipo di insegnante – un banchiere – e non è mai stata davvero un'opzione. Avevo solo vent'anni quando tenni il mio primo laboratorio di scrittura, e quelle lezioni non si svolgevano in una scuola, ma in una prigione, proprio il luogo in cui tanti adulti temevano sarei finito. Mi chiedo cosa avrebbero detto, vedendomi lí a insegnare poesia a uomini Neri tutti piú vecchi di me. Ero un vice-insegnante, vale a dire che – grazie a dio – il corso era tenuto da due poeti piú esperti. Ogni settimana uno di noi sceglieva una poesia, faceva svolgere qualche esercizio di riscaldamento e poi guidava la discussione. Quando venne il mio turno, ero pietrificato. Avrei condotto insieme a Larry Neal – «Dopo Malcolm, le stagioni sono avvizzite. Per un po' c'è stato un torpore nell'aria. E tu te n'eri andato, e nel dolore aleggiava ancora una certa bellezza» – perché già allora ero ammaliato dall'alchimia fra bellezza ed eventi, fra personale e politico. Ma la cosa che ricordo di piú è lo scambio. Quegli uomini erano Neri come me, ma le loro esperienze erano diverse dalle mie. Io offrivo loro il poco che sapevo riguardo alla scrittura, e attraverso la scrittura loro mi offrivano la materia incandescente della loro vita. Venticinque anni dopo, ho incontrato voi, e le polarità si sono invertite. In quella prigione mi trovavo con uomini Neri cosí vecchi da poter essere mio padre. Nella nostra classe eravate in maggioranza donne Nere cosí giovani da poter essere mie figlie. Non aveva importanza. Trovarmi in una stanza occupata da sorelle scrittrici che si sentivano abbastanza al sicuro per condividere se stesse, come avevano fatto quei fratelli scrittori in prigione, dimostrava ancora una volta che quella che divide gli insegnanti dagli studenti è una linea tratteggiata.

Non so se questo modo di insegnare sia applicabile in ogni campo – non so se potremmo essere compagni in qualunque materia. Ma credo che molti insegnanti e professori abbiano dimenticato che il programma scolastico è al servizio degli studenti, e tutt'attorno a noi ci sono insegnanti, amministratori e giornalisti che sembrano pensare che il materiale dev'essere difficile per principio, e che l'istruzione sia migliore quando viene elargita non facendo leva sulla meraviglia ma facendo leva sulla forza. Io non ho mai formulato ufficialmente un «trigger warning», né delimitato esplicitamente uno «spazio sicuro». Ma so che le persone che si avvicinano a un testo non sono tutte uguali. Alcune ci arrivano dopo aver subíto uno stupro, e alcune imprigionate in un corpo in cui non si riconoscono, e alcune avendo passato tutta la loro giovane vita in classi con studenti che le bullizzavano. Qui sembra aprirsi un'opportunità di cameratismo, un invito a permettere una letteratura piú colloquiale, a mettere in discussione le idee ricevute riguardo a voce e autorità, a riconoscere che gli studenti sono esseri umani a cui proporre delle sfide, non animali da spezzare e domare.

È molto difficile proporre delle sfide a uno studente che arriva in classe sentendosi in pericolo. E io questo l'ho sempre avuto ben presente. Quando ho fatto domanda per l'università, ho fatto domanda in un unico college che non fosse storicamente afroamericano, e si trovava a un quarto d'ora in macchina da casa mia. Non l'avrei espresso in questo modo, se non altro perché all'epoca non esisteva un linguaggio per dirlo, ma avevo bisogno di sentirmi al sicuro. Vivevo in un paese insicuro, contro la cui cultura e le cui politiche speravo un giorno di poter scrivere. Avevo bisogno di essere circondato da professori, studenti e giovani scrittori che comprendessero la mia missione – anche se magari non la condividevano.

Il primo anno seguii un corso di introduzione alla psicologia tenuto dal dottor Jules Harrell. Lo conoscevo dalla mia vita precedente come il rivendicazionista «baba Jules», uno degli uomini che, quando avevo quattordici anni, si erano riuniti per accompagnarmi nei miei «diritti di passaggio». Adesso, a Howard, continuavo a confondermi, e a chiamarlo «baba» invece di «dottor». La situazione si fece ancora piú confusa quando, all'inizio del semestre, annunciò che nella lezione successiva avremmo avuto un relatore ospite, il dottor William Shockley. Non sapevo chi fosse, questo dottor William Shockley. Due giorni dopo il dottor Harrell – o baba Jules – entrò in aula e subito si presentò come «dottor Shockley». Già questo era abbastanza sconcertante, ma poi questo «dottor Shockley» passò la lezione a presentare la sua tesi secondo cui qualunque divario fra Neri e bianchi nei risultati degli esami o nella carriera postuniversitaria dipendeva dal fatto che i Neri erano intrinsecamente meno intelligenti dei bianchi. L'ora terminò e noi uscimmo, sbigottiti tanto dal contenuto quanto dallo stratagemma. Ma nella lezione successiva ci venne chiarito che lo sconcerto non era una scusante. Era un lunedí, il dottor Harrell era di nuovo se stesso, e prima di cominciare la lezione ci ingiunse in tono perentorio: «Non dovrete mai piú, nella vostra vita, restare in silenzio di fronte a qualcuno che vi dice quello che io vi ho detto venerdí».

Credo che questo metodo – fare nel modo piú brutale l'avvocato del diavolo di fronte agli studenti – riscuoterebbe il plauso degli autonominatisi paladini del debate e della libera ricerca. Però in quel caso era stato possibile perché ci trovavamo in un contesto sicuro. Ero in un'università Nera – circondato da studenti e professori Neri. Detto in altri termini, per me l'intera università era uno «spazio sicuro». Ma come mi sarei sentito, appena diciottenne, se quella tesi sulla mia inferiorità genetica mi fosse stata esposta da un professore bianco in un'aula piena di studenti bianchi? E come mi sarei sentito se avessi saputo che alcuni di quegli studenti – e magari anche il mio professore – concordavano con Shockley? Quale sarebbe stata la lezione? Il fatto è che io sono stato per tutta la vita in «spazi sicuri» come Howard, e che questo è stato essenziale per permettermi di confrontarmi con una letteratura imbevuta di suprematismo bianco. Da bambino leggevo fumetti portentosi e romanzi avvincenti che mi hanno profondamente influenzato, però erano scritti dai discepoli di razzisti come Edgar Rice Burroughs e Jules Verne. E poi al college non c'era stato solo Shockley, ma anche Ezra Pound:

And you have been gone five months,
The monkeys make sorrowful noise overhead.

Quando leggevo questi versi, vedevo qualcosa nella forma e nel ritmo delle parole, e quel qualcosa era trascendente e universale, nonostante il debole dell'autore per Adolf Hitler. Ancora oggi continuo ad ammirare le delucidazioni di Thomas Jefferson sui mali della schiavitú, per quanto siano il frutto di quei mali stessi. E per gran parte della mia carriera sono stato circondato da persone che, a un certo livello, mi consideravano un'eccezione che non smentiva le loro teorie suprematiste bianche. Molte di quelle persone sono anche pessimi giornalisti. Alcune invece sono giornalisti bravissimi – e da loro ho imparato molto, e, si dà il caso, anche voi avete imparato molto.

E non lo dico per magnanimità. Non mi interessa tanto ascoltare «entrambe le parti» o «punti di vista contrastanti», quanto comprendere gli strumenti letterari utilizzati per presentare quei punti di vista – la disciplina della voce, l'uso dei verbi, la lunghezza o brevità delle frasi, e la curiosità della mente che sta dietro quelle frasi. E trovo che questa curiosità spesso manchi. I grandi canoni sono espressione di un grande potere, e il grande privilegio di un grande potere è la mancanza di curiosità nei confronti di coloro che ne sono privi. Ed è questa mancanza di curiosità a caratterizzare i piú insulsi fra i critici degli spazi sicuri. Se invece riuscissero a spogliarsi del privilegio della loro ignoranza, questi scrittori, insegnanti e amministratori capirebbero che anche loro hanno bisogno di spazi sicuri – e che, anzi, hanno trasformato quasi tutto il mondo in uno spazio sicuro per loro.

Ormai ho insegnato in un bel po' di ambienti diversi: prigioni, biblioteche, scuole e università. Il mio approccio risale al 1982. Se cerco di ammaliare, di ispirare, di emozionare, è perché fin dalle elementari io avevo bisogno di quello. Ma spesso basta anche solo un minimo di umanità, e in generale ho scoperto che, se riuscivo a spiegarvi perché vi facevo studiare i pensieri di Thomas Jefferson sulla schiavitú, se accettavo che lo odiaste lo stesso se cosí preferivate, e se, soprattutto, mi sforzavo di non comportarmi da stronzo, allora voi, in cambio, vi sforzavate di fare i conti col disagio che questo vi procurava. La mia idea è che, se passo piú tempo a parlare con voi che a lamentarmi di voi, allora spesso accade qualcosa di meraviglioso, e l'illuminazione è reciproca. Quindi non mi preoccupo tanto dei giovani, i cui eccessi di solito restano confinati nei cortili e nelle aule magne, ma temo i vecchi, la cui tirannia detta legge.

L'estate del 2020 sembra già storia remota, ed è facile guardare con cinismo a quella stagione di proteste, considerate le contromisure a cui hanno portato. Ma io ricordo un'epoca diversa, in cui i nomi di chi veniva ucciso morivano insieme alle persone che li portavano. Quelle proteste sono riuscite a inculcare un minimo di scetticismo in persone cresciute col programma Officer Friendly. Credo sia questo che i suprematisti bianchi temono di piú: il diffondersi della consapevolezza che i poliziotti non sono cavalieri senza macchia e del sospetto che ci sia qualcosa di marcio non solo nelle forze dell'ordine, ma anche nell'ordine che quelle forze fanno rispettare. Tale paura spiega la violenza delle reazioni alle proteste, ma ci dice anche che quella violenza ha fatto il gioco dei manifestanti, perché confermava la fondatezza delle loro critiche. Quale nobile interesse giustificava l'uso del gas lacrimogeno a qualche isolato dal Campidoglio, o lo spiegamento della polizia segreta a Portland, o il fatto di spaccare letteralmente la testa a chi manifestava a Buffalo? Anche i suprematisti bianchi hanno finito per capirlo, e sebbene non abbiano rinunciato alla violenza, alla fine dell'estate avevano imparato una lezione: la guerra imperversava nelle strade, ma non era lí che poteva essere vinta, perché ciò contro cui stavano davvero combattendo era la parola.

All'incirca nel periodo in cui George Floyd è stato ucciso, Nikole Hannah-Jones ha vinto un premio Pulitzer per il suo saggio introduttivo al *1619 Project*, secondo cui le origini degli Stati Uniti vanno individuate non nella Dichiarazione di indipendenza ma nello schiavismo. Nikole è una mia cara amica, e come me ritiene che il giornalismo, la storiografia e la letteratura debbano svolgere un ruolo nella nostra lotta per un mondo migliore. Ho avuto la grande fortuna di assistere alla costruzione del *1619 Project*, di ricevere da lei alcune selezioni di pagine da libri storiografici, di sentirla parlare dell'esperienza elettrizzante di raccontare, quattrocento anni dopo il nostro arrivo, la nostra storia in tutta la sua maestosità. Vedendo la serietà dei suoi sforzi, la sua passione per il progetto di cui si era messa alla guida, e la reazione che aveva suscitato, ero certo che sarebbero state prese contromisure. Ma non posso dire che avessi capito che queste contromisure sarebbero state cosí drastiche: che il presidente avrebbe istituito un «1776 Project», che alcuni esponenti della destra avrebbero ribattezzato le proteste del 2020 «rivolte 1619», collegando cosí esplicitamente, sebbene in malafede, carta stampata e manifestazioni di piazza, e che la Casa Bianca avrebbe promulgato l'ordine esecutivo 13950, vietando che in qualunque contesto educativo venga trasmessa la nozione che gli Stati Uniti siano «fondamentalmente razzisti», l'idea che una qualunque razza abbia «la responsabilità di azioni compiute nel passato», o qualunque altro «concetto divisivo» che possa provocare «imbarazzo, senso di colpa, angoscia o qualsiasi altra forma di disagio psicologico causato dall'appartenenza a una determinata razza». È vero che il decreto è stato revocato dopo che il suo ideatore è stato sconfitto alle elezioni successive, ma a quel punto aveva già prodotto una serie di varianti a livello dei singoli Stati – leggi, direttive, indirizzi e risoluzioni – volte a estromettere i «concetti divisivi» da qualunque ramo del sistema educativo. Ormai il vessillo dei diritti parentali era stato issato. In Tennessee sono stati licenziati insegnanti. In Virginia sono stati assediati comitati scolastici. E nella Carolina del Nord l'offerta a Nikole di una cattedra da parte della principale università dello Stato – di cui lei stessa era stata alunna – è stata ritirata per ordine del consiglio d'amministrazione.

Credo che valga la pena ribadire un'ovvietà, ovvero che proprio i politici e governatori che esaltano a gran voce i valori della libertà di parola sono fra i piú aggressivi oppositori dei «concetti divisivi». E credo vada detto che l'immagine della «teoria critica della razza» diffusa da questi politici – e anche da alcuni giornalisti – ha ben poco a che fare con la realtà delle opere e delle pratiche derivanti da quella teoria. E quindi lo dico. Ma resta il fatto che quelle persone sono semplicemente bugiarde, e prenderle sul serio, accusarle di ipocrisia o fraintendimento volontario, significa lasciarsi di nuovo distrarre. «L'obiettivo, – ha utilmente scritto il loro attivista piú noto, – è che l'opinione pubblica legga sui giornali qualcosa di assurdo e pensi "teoria critica della razza"». E ha funzionato. Oggi, quattro anni dopo la firma dell'ordine esecutivo 13950, la metà dei bambini in età scolare è stata protetta, a opera dello Stato, dalla «teoria critica della razza» e da altri «concetti divisivi».

Può sembrare strano che una battaglia cominciata nelle piazze si sia trasferita nelle biblioteche, che una controrivoluzione in difesa di un ordine pubblico brutale si sia trasformata in una guerra sull'arte e le borse di studio. Ma nei mesi successivi all'assassinio di George Floyd i libri di autori Neri su razza e razzismo erano schizzati in cima alla classifica dei bestseller e dei volumi presi in prestito. Le librerie Nere hanno avuto un picco nelle vendite. La causa di tale picco è stata, nel complesso, il fatto che in seguito all'assassinio di George Floyd molte persone avevano cominciato a sospettare che quel che gli era stato insegnato sulla giustizia, la storia, l'ordine pubblico, il razzismo e altri temi analoghi non fosse l'intera verità. È durato solo quell'estate, ma è bastato perché coloro che avevano il compito di applicare il 13950 restassero turbati. E a ragione.

La storiografia non è inerte, ma contiene al suo interno una storia che ispira o giustifica l'ordine politico. Questo valeva per Josiah Nott, che guardava all'antico Egitto per giustificare la schiavitú. E vale per la Rivoluzione americana e la fondazione di una grande repubblica, o per la Greatest Generation che durante la Seconda guerra mondiale ha combattuto per difendere non solo la madrepatria ma il mondo intero. Se credete a questa versione della storia, allora siete portati a credere che lo Stato americano sia una forza del bene, che sia la piú antica democrazia del mondo, e che coloro che odiano gli Stati Uniti li odiano per le loro libertà. E se credete questo, allora potete anche credere che questi inspiegabili odiatori della libertà si meritano i nostri droni. Invece una diversa versione della storia, che fa risalire le origini degli Stati Uniti al genocidio e alla schiavitú, spiega un presente molto piú tenebroso, e l'eventualità che anche qui ci siano persone che odiano la libertà e che non si meritano il potere che esercitano. Un ordine politico si basa non solo su chi può votare ma anche su ciò per cui si può votare, vale a dire su ciò che può essere immaginato. E la nostra immaginazione è radicata nella nostra storia, nella nostra cultura e nei nostri miti. Il fatto che quotidiani, riviste, case editrici e social media abbiano all'improvviso concesso spazio a storie che mettevano in dubbio quella narrazione condivisa significava che anche gli americani nel loro complesso potevano cominciare a metterla in dubbio. E che sarebbe potuta nascere una nuova narrazione, e nuove possibilità.

Freire lo sapeva:

> Questa educazione «bancaria», nella misura in cui annulla o minimizza il potere creatore degli educandi e reprime la loro capacità critica, soddisfa gli interessi degli oppressori, che non vogliono che il mondo sia messo a nudo e trasformato. Il loro «umanitarismo» serve a preservare la situazione da cui traggono vantaggio. [...] Perciò reagiscono in modo quasi istintivo contro qualunque esperimento educativo che stimoli il pensiero critico e non si accontenti di una visione parziale della realtà ma cerchi i rapporti che legano un problema a un altro.

È molto difficile essere uno scrittore proveniente da una comunità esclusa dalle promesse di un certo ordine costituito e accontentarsi di «una visione parziale della realtà». È impossibile scrivere in modo veritiero del popolo Nero, con tutta la nostra genialità e stravaganza, la nostra gioia e angoscia, e non infastidire coloro che «non vogliono che il mondo sia messo a nudo e trasformato». Cosí è stato per Phillis Wheatley e Thomas Jefferson. Cosí è per Nikole Hannah-Jones e Donald Trump. E fra Wheatley e Hannah-Jones ci sono David Walker che scompare, Frederick Douglass che semina scompiglio con le sue conferenze, Ida B. Wells che scappa da Memphis, e le librerie messe sotto controllo dall'Fbi. Se davvero la storia americana comincia con lo schiavismo e il genocidio, allora le bugie e le politiche che dall'interno dell'ordine costituito attaccano gli scrittori non dobbiamo solo considerarle possibili. Dobbiamo aspettarcele.

Vorrei essere piú capace di farlo – di aspettarmi le cose. Ma il fatto è che, pur conoscendo e insegnando il potere della scrittura, sono ancora incredulo quando vedo quel potere all'opera nel mondo reale. Forse dipende dalla particolare natura dei libri. Cinema, musica, teatro... se ne fa esperienza nel mezzo di una folla che esulta, applaude e inneggia. Invece i libri operano quando nessuno guarda, fondendo la mente di chi scrive con quella del suo pubblico, dando vita a un mondo immaginario che solo chi legge può vedere. È un potere cosí intimo, cosí insidioso, che anche gli autori non sempre lo comprendono. Vedo politici che in Colorado, in Tennessee, nella Carolina del Sud prendono provvedimenti contro le mie opere, fanno togliere dalle biblioteche i libri che ho scritto, li bandiscono dalle scuole, e mi sento strappato con violenza al presente e rigettato in un'epoca di forconi e roghi di libri. Istintivamente mi verrebbe da ridere, ma poi ricordo che la storia americana è piena di uomini e donne che sono stati letali e al contempo ridicoli. E quando mi costringo a guardare la cosa in modo serio, vedo qualcosa di familiare: adulti che tentano di spezzare le giovani menti loro affidate per poi rimetterle insieme in una forma piú mite e ordinata.

L'obiettivo di questi adulti non è solo ripristinare le loro date e interpretazioni preferite, ma preservare un certo modo di insegnare, rigido e autoritario, volto all'apprendimento dei dogmi nazionali, e non alla loro messa in discussione. E se temono noi scrittori non è perché cerchiamo di imporre ai loro figli un dogma differente, ma perché cerchiamo di convincerli che hanno il potere di formarsene uno tutto loro.

Questo l'ho imparato a mie spese. Immagino i miei libri come figli, ognuno col suo profilo e il suo modo di camminare nel mondo. Il primogenito, *Una lotta meravigliosa*, è il figlio perbene, gran lavoratore. Ha quell'impiego in regola a cui mio padre ha sempre aspirato, quattro bambini e una moglie conosciuta alle superiori. Il secondogenito, *Tra me e il mondo*, è quello «dotato», o meglio quello le cui doti vengono comprese piú facilmente dal resto del mondo. Gioca a basket nella Nba, apprezza le cose belle e parla piú del dovuto. *Otto anni al potere* lo vedo come il figlio insicuro, nato all'ombra del fratello «dotato» e incapace di liberarsi da quel complesso. Ha problemi. Di lui non parliamo molto. Tutti questi figli hanno il sospetto che la figlia femmina, *Il danzatore dell'acqua*, sia la mia favorita. Forse. Sicuramente è quella che piú mi somiglia – un po' in meglio, essendo piú disinvolta e piú sicura di sé. Vedere i miei libri in questo modo mi aiuta a ricordare che, sebbene li abbia fatti io, in fin dei conti non sono miei. Vanno via di casa, viaggiano, hanno le loro relazioni, e lasciano un certo tipo di impressione. Ho imparato che è meglio, nei limiti del possibile, non intromettermi e lasciare che facciano la loro vita.

La mia fedeltà a questa lezione dipende dal mio carattere – spesso quando vedo scrittori che ribattono a qualunque recensione negativa mi sento in imbarazzo per loro. Ma è anche una strategia: il mio lavoro consiste nell'apparecchiare le cose, sviluppare il tema, presentare il mondo come lo immagino, e poi filarmela. Il defunto Jamal Khashoggi amava citare il proverbio arabo «Di' la tua parola e poi vattene». Tento di attenermi a quel principio, perché quando mi metto a difendere i miei figli do il peggio di me, mentre do il meglio di me quando sono intento a farne altri.

Ma ho cominciato a considerare questo starmene appartato come un privilegio. Là fuori nel mondo reale, insegnanti, genitori, studenti e bibliotecari venivano attaccati. Loro non potevano permettersi il lusso di non difendersi. Penso spesso a un biglietto che ho ricevuto da Woodland Park, Colorado. Il comitato scolastico aveva intenzione di vietare *Tra me e il mondo*. Un genitore mi ha scritto invitandomi a contattare uno degli insegnanti che si stava battendo contro quel divieto. «Lui crede in te e nel tuo messaggio (e anch'io), – scriveva il genitore. – E sta soffrendo per questo». *Soffrendo*. Sarebbe stato disumano lasciar correre. Cosí ho inviato un messaggio di solidarietà. Sono addirittura andato in tv per rivolgere un appello al comitato scolastico. Dopodiché sono tornato a fare libri nel mio involucro privato.

E poi ho letto di Mary Wood. A grandi linee il caso non differiva da altri di cui avevo sentito parlare: un'insegnante della Carolina del Sud costretta a togliere *Tra me e il mondo* dal suo programma perché faceva sentire alcuni suoi studenti «a disagio», li faceva «vergognare di essere di razza bianca». Inoltre, l'argomento stesso del libro – il «razzismo sistemico» – poteva essere considerato «illegale». Quelle rimostranze ricordavano incredibilmente il linguaggio del 13950, che metteva al bando i «concetti divisivi» che provocavano negli studenti «imbarazzo, senso di colpa, angoscia o qualunque altra forma di disagio psicologico causato dall'appartenenza a una determinata razza o a un determinato sesso». E non erano solo le rimostranze degli studenti a ricordare l'ordine esecutivo – anche la legge di bilancio 2022 della Carolina del Sud conteneva una proibizione tratta quasi alla lettera dal 13950.

Il legame fra quel provvedimento e il 13950 era palese. Solo in quel momento mi sono reso conto di come quel vocabolario – disagio, vergogna, angoscia – sembrasse una caricatura del vocabolario degli «spazi sicuri» in voga nei campus di tutto il paese. Ho il sospetto che non fosse un caso. Il potere oppressivo prospera nel fumo e nella nebbia, e a volte si intrufola nei coni d'ombra del linguaggio degli oppressi. Una strategia che approfitta della frettolosità della maggior parte dei lettori e ascoltatori per adottare scorciatoie che spesso sono solo giochi di prestigio. Non c'è da stupirsi del fatto che la gente comune alle prese col bucato, i consigli di classe e le bollette da pagare non sempre si renda conto di questo stratagemma, e delle menzogne che le vengono propinate. Ma la differenza è evidente: gli studenti che protestavano contro Mary Wood non chiedevano che a *Tra me e il mondo* venisse accluso un trigger warning sui contenuti potenzialmente disturbanti, ma che il libro fosse rimosso per legge dalla loro scuola.

La letteratura è angoscia. Perfino i bambini piccoli lo sanno. Avevo al massimo cinque anni, e stavo piangendo sul sedile posteriore della Volkswagen arancione dei miei genitori mentre davanti loro litigavano. Quando si voltarono per consolarmi, restarono sbigottiti scoprendo che non piangevo per il loro litigio ma per la cicala che d'inverno faceva la fame mentre la formica banchettava. A ripensarci, la vicenda di Darryl Stingley era stato un ulteriore passo avanti in un percorso di conoscenza iniziato nel momento in cui ero riuscito per la prima volta a mettere in fila le frasi per formare storie. Il lupo divora la nonna. Il cane di percalle e il gatto di calicò si divorano a vicenda. Non ero nato in una famiglia religiosa, ma sapevo che molti miei coetanei erano stati cresciuti con storie su come Dio aveva cacciato Adamo ed Eva dal paradiso per aver addentato una mela, aveva spazzato via tutti gli esseri viventi tranne quelli radunati sull'arca, aveva condannato a un patimento eterno me e ogni altro non credente. È questa la letteratura per l'infanzia di coloro che ritengono che la nostra sia una nazione cristiana. Presumo che questi credenti direbbero che l'angoscia e il disagio che il loro vangelo irradia non siano un effetto collaterale, ma il cuore pulsante del suo potere trasformativo. Per quanto mi riguarda, l'angoscia che mi aveva provocato la favola della cicala e la formica stava nella sua morale, ovvero che i pigri e gli sventati si meritano di patire la fame. Quell'accanimento vendicativo a me sembrava ingiusto, ed era lí che stava la mia rivelazione personale, evidentemente in contrasto con quello che avrebbe dovuto essere il messaggio della storia. Ma nella mia angoscia, nel mio disaccordo col nocciolo del testo, avevo trovato la mia verità. Ed è questo, sospetto, il vero problema. Per quanto tentassero di scimmiottare il linguaggio degli studenti dei college, quelle persone non intendevano proibire l'«angoscia» o il «disagio», ma l'illuminazione.

Ho rintracciato il numero di Mary. Abbiamo chiacchierato per una mezz'oretta. Lei mi ha raccontato tutta la penosa vicenda: la paranoia suscitata dalle rimostranze anonime; le riunioni del comitato scolastico, in cui lei era stata messa alla berlina; le minacce al suo posto di lavoro. Mi ha parlato della svolta conservatrice nella zona dove insegnava: Chapin, Carolina del Sud, una cittadina lacustre a nordovest di Columbia, la capitale dello Stato. Mi ha parlato della *sua* illuminazione, quando all'università ha cominciato a leggere letteratura postcoloniale e a un certo punto le è parso che i pezzi del puzzle del mondo andassero al loro posto. Mi ha parlato dell'assassinio di George Floyd, e di come, in quell'estate decisiva, avesse fondato nel suo dipartimento un gruppo di lettura. Era cosí che aveva scoperto *Tra me e il mondo*. Io e lei avevamo la stessa età. Tutt'e due avevamo figli che ci facevano diventare matti. Tutt'e due per mantenere un certo equilibrio facevamo yoga. E lei adesso aveva bisogno piú che mai dello yoga. Tutto questo me lo ha raccontato con un accento da cui si capiva che non veniva da un luogo qualunque, ma da *quel* luogo. E anche da questo punto di vista avevamo qualcosa in comune, perché anch'io ho un accento rivelatore, per quanto l'abbia acquisito altrove. E poi c'era qualcos'altro di molto eloquente. La tanto discussa lezione di Mary non aveva lo scopo di presentare ai suoi studenti una determinata posizione politica, ma di mostrare un esempio di come si scrive un saggio. Perché

Mary non insegna educazione civica o storia contemporanea. Insegna scrittura. Inglese avanzato, per essere precisi. Per l'esame, gli studenti avrebbero dovuto scrivere un saggio argomentativo, e per aiutarli a capire come si faceva, lei aveva usato *Tra me e il mondo*, il mio sguaiato e logorroico secondogenito. Forse la metafora sembra un po' stiracchiata, ma mi sentivo davvero come se uno dei miei figli avesse messo qualcuno nei guai.

– L'anno prossimo cosa farai? – ho chiesto a Mary verso la fine della telefonata.

– Finirò la lezione che ho cominciato, – mi ha risposto. – Farò studiare *Tra me e il mondo*.

Sono rimasto in silenzio, lí al telefono, per otto secondi. Per me la scrittura è un processo, non un'opera finita. Comincia con quell'angoscia che la Carolina del Sud stava cercando di proibire, e a volte nasce da qualcosa che ho letto, ma piú di frequente dal mondo in sé – da persone e sistemi i cui obiettivi dichiarati sono contraddetti dalle azioni che li accompagnano. E leggendo, facendo ricerca, comincio a comprendere una verità. Quel momento di comprensione è estatico. Scrivere e riscrivere è il tentativo di comunicare non solo una verità, ma l'estasi di una verità. Non mi basta convincere chi legge; voglio che provi quella stessa intima gioia che provo io. Quando esco nel mondo è gratificante sentire che le persone hanno condiviso parte di quella gioia, ma Mary non si era limitata a godere del libro. Quel libro l'aveva trascinata nella lotta.

Alla fine ho rotto il silenzio. Ho detto a Mary che pensavo di andarla a trovare ma temevo di esacerbare una situazione già tesa. Ma lei mi ha incoraggiato. Qualche giorno dopo ci sarebbe stata una riunione del comitato scolastico, a cui lei e alcuni suoi sostenitori avrebbero partecipato.

La settimana successiva ero con Mary a mangiare insalata e bere tè verde freddo in un ristorante di Chapin. Mary era l'incarnazione di un ben noto archetipo sudista: bionda, beneducata, estroversa, radicata nel territorio, figlia dell'allenatore della squadra di football locale e di una maestra d'asilo. Il suo legame con Chapin era forte – piú forte di quello di alcuni dei genitori che la disprezzavano. In città c'era stata una forte affluenza di famiglie in cerca di un posto conservatore e tradizionalista in cui vivere. Mary non era cosí. Stava difendendo il suo posto di lavoro nella stessa scuola superiore in cui si era diplomata. E non era chiaro quanto questo giocasse a suo favore. La Chapin High School era sotto la giurisdizione del Quinto distretto scolastico, il Lexington-Richland, che da molto tempo aveva preso una piega destrorsa, ormai conclamata negli anni dell'amministrazione Trump. Le riunioni del comitato scolastico non erano solo discussioni su bilanci e politiche educative, ma un microfono aperto per reazionari, teorici del complotto e carrieristi in cerca di attenzione mediatica. La radicalizzazione era diventata evidente nel periodo del Covid, quando alcuni residenti avevano cominciato a presentarsi alle riunioni per dire che l'obbligo delle mascherine era un sopruso e i vaccini «una violazione del codice di Norimberga». Ho visto dei video di quelle riunioni, e la rabbia sfogata lí dentro toccava molte diverse questioni, dalle mascherine e i vaccini alle politiche di inclusione e alla libertà di scelta nell'uso dei pronomi. Ogni tanto qualcuno si scagliava contro una cosa che definivano «apprendimento emotivo». Ma soprattutto, il grande nemico di Chapin era la teoria critica della razza. Si sentiva ripetere che il Quinto Lexington era diventato una base di addestramento per la «guerriglia didattica» basata sulla teoria critica della razza, una dottrina responsabile dell'«ansia, depressione e mancanza di autostima» che facevano aumentare il tasso di suicidi e spingevano gli studenti a «vergognarsi di essere bianchi». Mi hanno raccontato che in quelle riunioni ogni tanto aleggiava un senso di minaccia, per esempio quando un oratore aveva messo in guardia il comitato dicendo «vi teniamo d'occhio», o un altro aveva sostenuto che il paese era in balía di adepti del «paganesimo» che «sacrificano bambini» e «bevono il sangue». E spesso quelle esternazioni venivano accolte da applausi.

I controlli di sicurezza all'ingresso non lasciavano dubbi sul fatto che le riunioni del Quinto Lexington fossero diventate terreno di scontro. Ho dovuto svuotare le tasche, farmi perquisire la borsa e passare attraverso un metal detector. Dall'altro lato c'erano due tizi grandi e grossi in tuta mimetica e giubbotto antiproiettile. Mi è sembrato un cattivo segno. Ma le guardie mi hanno accolto con gentilezza, e quando abbiamo imboccato il corridoio che portava alla sala riunioni, io e Mary abbiamo trovato ad aspettarci una donna di nome Brandi, un'insegnante di scienze delle medie. Era in piedi davanti a un tavolo e distribuiva volantini contro la censura, e vedendoci ci ha sorriso calorosamente.

La sala riunioni era piena di gente che chiacchierava. C'erano tavoli sistemati a ferro di cavallo, con microfoni e targhette coi nomi dei diversi funzionari del distretto. Ci siamo spostati nello spazio di fronte ai tavoli, dove ci aspettava Kathryn, la madre di Mary. Le ho stretto la mano e lei ha sgranato gli occhi e ha sorriso. Ci ha indicato i posti che aveva tenuto in serbo per noi, e sulla mia sedia c'era una copia di *Tra me e il mondo*.

– Me la firmeresti, per favore? – mi ha chiesto Kathryn, ancora sorridendo.

L'ho firmata e mi sono seduto, osservando la folla. Ho notato subito che metà dei presenti indossava magliette azzurre. Mary mi ha spiegato che l'azzurro era il colore del distretto, e che Brandi aveva organizzato su Facebook un gruppo di simpatizzanti chiedendo di vestirsi di azzurro per mostrare il loro sostegno per Mary. Una donna piú anziana di nome Bobbie si è seduta accanto a me, e abbiamo cominciato a parlare. Lei non conosceva Mary e non indossava una maglietta azzurra. Mi ha spiegato che dopo la morte di George Floyd la sua chiesa aveva organizzato un gruppo di lettura sulla razza. (E lei era diventata una grande fan di Colson Whitehead). La coordinatrice del gruppo aveva saputo di Mary e invitato tutti i partecipanti a venire a esprimere il loro sostegno. Era la seconda volta in cui sentivo parlare di un gruppo di lettura che in quella città diventava l'epicentro di uno scombussolamento politico. Da bell hooks in avanti, i libri di autori Neri avevano aiutato Mary a capire «perché tutto è cosí incasinato». Ed erano stati quei libri a spingere Bobbie a sostenere Mary.

Capisco che si possa provare fastidio per gli eventi dell'estate del 2020, per le «conversazioni nazionali», la caterva di documentari e servizi televisivi, e anche le proteste in sé. Alcuni di noi, non vedendo un cambiamento politico, hanno cominciato a pensare che forse anche il movimento in sé era stato futile. Ma il cambiamento politico è il punto d'arrivo, non quello di partenza. La culla del cambiamento materiale è nella nostra immaginazione e nelle nostre idee. E se il suprematismo bianco, come qualunque altro status quo, può accontentarsi dei soliti stereotipi e delle solite scuse per il mondo cosí com'è – i poliziotti violenti sono mele marce, gli Stati Uniti sono i paladini del mondo libero –, a noi spetta il compito di produrre nuovi linguaggi e nuove storie che permettano alle persone di immaginare nuove politiche. E in quel momento, anche lí a Chapin, grazie al lavoro di alcuni scrittori Neri, alcune persone, non la maggioranza (ben di rado si tratta della maggioranza), avevano cominciato a immaginare.

Alle sette in punto la donna che presiedeva la riunione ha battuto il martelletto per richiamare all'ordine gli astanti. Aveva notato l'affollamento, e sembrava farsi forza in vista di quel che sarebbe venuto. Ha chiesto un minuto di silenzio per «una grande tragedia», senza specificare quale. C'è stata una preghiera, poi il giuramento di fedeltà alla bandiera e un discorso del provveditore sulla «libertà di insegnamento». Dopodiché sono cominciati i lavori del comitato, con solo qualche allusione al caso di Mary, finché, dopo circa un'ora, esauriti i punti all'ordine del giorno, è venuto il momento che tutti aspettavano. Il comitato dava alla comunità il permesso di esprimersi.

Mentre la prima donna si avvicinava al microfono, mi sono guardato intorno, cercando di capire quanto fossero numerosi i sostenitori di Mary. Appena qualche settimana prima, a quella stessa riunione mensile si erano presentate frotte di genitori che chiedevano il suo licenziamento. A giudicare dalla quantità di magliette azzurre, sembrava che molti fossero lí per lei. Poi sono cominciati gli interventi. Ed è stato un plebiscito. Genitori su genitori che esprimevano il loro sostegno a Mary, quasi sempre accolti da applausi scroscianti. Una ragazzina di quattordici anni si è fatta avanti e ha citato un brano di *Tra me e il mondo*, dicendo che in tutti i suoi anni scolastici non le avevano mai dato da leggere un libro di un autore Nero. Mary piangeva in silenzio e mi forniva sottovoce ragguagli su ogni oratore: famiglia, occupazione, se avevano o meno figli che frequentavano le scuole del distretto. Nessuno, non una sola persona, si è espressa a favore del bando del libro. Sulle prime la cosa mi ha sorpreso, ma poi ho capito: le riunioni dei comitati scolastici, e in generale la politica locale, sono cose piccole, ed è facile per una fazione ben organizzata assumerne il controllo, e quella sera la fazione era quella di Mary.

A volte mi capita di trovarmi a una festa o a un evento pubblico, o anche solo per strada, e un fratello mi si avvicina per ringraziarmi del mio lavoro, e dalla sua corporatura, dal modo in cui parla e si muove, dal taglio dei capelli, capisco che è appena uscito di galera, e mi torna in mente il periodo in cui insegnavo a Lorton. Guardo quei fratelli e vedo l'ombra della versione di me stesso in cui i miei genitori e insegnanti temevano che mi sarei trasformato se le note in rosso rossetto fossero continuate, se la mia «condotta» non fosse migliorata. La linea che ci separa è sottile. Forse per questo anche da parte loro percepisco un certo calore, molto simile a quello che ho percepito a Dakar, molto simile a quello che percepisco con voi, perché tutti noi sentiamo incombere quell'ombra. Fra i presenti a quella riunione, invece, non c'era nessuno cosí, e questo grossomodo me l'aspettavo. Mi è capitato di parlare di fronte a svariati pubblici, e ho capito che, se sei fortunato, ciò che scrivi raggiunge anche persone esterne a quella che consideri la tua cerchia, e allora percepisci un altro tipo di calore, diverso, piú generico, ma comunque calore. Però quella volta non ero lí per parlare. E non ero neppure l'argomento di cui si parlava. Quella a cui stavo assistendo non era una discussione su un libro, ma qualcosa di piú specifico: una sorta di referendum sull'identità del distretto scolastico.

Mary teneva un corso avanzato, vale a dire che i suoi allievi non erano ragazzi che avrebbero affrontato l'università alla bell'e meglio, come avevo fatto io, ma studenti decisi a prendere il massimo dei voti e cominciare il college nel migliore dei modi. In quella sala aleggiava la sensazione che evitare i «concetti divisivi» non solo fosse sbagliato sul piano morale, ma rappresentasse un abbassamento degli standard; che proibire un libro fosse come dire che la Carolina del Sud non era degna di un corso avanzato – ovvero dar ragione alle peggiori caricature dei bianchi del Sud diffuse fra nordisti secondo cui «avremmo fatto meglio ad accettare la secessione». La gente in quella sala era imbarazzata. Ricordo un uomo con la coda di cavallo, Josh Gray, docente di matematica alla University of South Carolina, che ha spiegato quell'umiliazione autoinflitta in un modo che a me non sarebbe mai venuto in mente: – In quanto redneck che ha lavorato in tutto il mondo e conosciuto persone di tutto il mondo, – ha detto, – vi chiedo di non dare, attraverso azioni come queste, che non mettono in buona luce la nostra comunità, l'impressione che i nostri studenti debbano affrontare il peggio.

Si potrebbe pensare che dicendo questo facesse solo i propri interessi, cercasse di evitare uno stigma e non di sovvertire un sistema di potere. Considerato quanto dopo il 2020 sbandierare le proprie virtú è diventata pratica comune, capisco che il dubbio possa venire. Ma secondo me le virtú *dovrebbero* essere sbandierate, e chi sbandiera le proprie virtú dovrebbe agire in modo coerente con esse. Il problema sta in questa coerenza, perché è molto raro che qualcuno rinunci al potere in nome della carità. In questo caso, fare il proprio interesse significava assicurarsi che lí, nella patria di Jim Crow e della Redenzione, le idee controcorrente non fossero rimosse dalla sfera pubblica. E questo è un progresso. Però non è scontato che tale progresso continui.

Il pomeriggio successivo sono andato da Mary per una grigliata. Ero davvero entusiasta per com'era andata la sera prima. Mi ero aspettato di entrare in un covo di arroganti fanatici. Invece avevo trovato alleati pronti a lottare in mia difesa. *Alleati.* Quando avevo cominciato a scrivere, mi sembrava essenziale pensare il meno possibile ai lettori bianchi, ridimensionarli nella mia mente, resistere alla tentazione di tradurmi. Credo che fosse giusto. Ma alla fine ero rimasto sorpreso – piacevolmente sorpreso – dal fatto che in realtà non c'è alcun bisogno di traduzione, che scendendo in profondità si trova l'umano. Si arriva al generale attraverso il particolare, com'è normale che sia. Tuttavia, pur avendolo compreso, continua a sembrarmi un'astrazione. Quello che avrei voluto era essere Mary per un istante, capire come fosse giunta a pensare che valesse la pena mettere a repentaglio per un libro il suo posto di lavoro.

Il nonno di Mary era un assistente sociale, un veterano della Seconda guerra mondiale che aveva perso la vista facendo lo sminatore. Tornato a casa, era diventato un agguerrito paladino dei disabili, in particolare dei veterani Neri disabili. Mary aveva fatto in tempo a conoscerlo, ma lui non parlava mai della sua storia di attivista, e lei l'aveva scoperta da un libro dopo la sua morte. I suoi genitori erano piú progressisti della media – il tipo di persone che, in un distretto a maggioranza repubblicana, durante le elezioni del 2020 avevano messo in giardino un cartello per Biden. Ma diventando adulta lei aveva provato la vaga sensazione che il mondo, come veniva spiegato convenzionalmente, non avesse senso. L'avevano cresciuta in modo da farla diventare una tipica signora del Sud, però non c'erano riusciti. Per convincerla a prendere lezioni di buone maniere la dovevano corrompere promettendole di portarla da Bojangles. In chiesa, quello che la preoccupava non era la sua salvezza, ma il motivo per cui non c'erano donne che parlassero dal pulpito. E poi all'università i libri avevano messo in quadro le cose: aveva letto *Talking Back: Thinking Feminist, Thinking Black* di bell hooks. Quando l'aveva finito, aveva chiamato la madre e le aveva detto: «Ecco perché tutto è cosí incasinato».

Era proprio l'esperienza che i promulgatori dell'ordine esecutivo 13950, coloro che vietavano i libri e attaccavano la teoria critica della razza, stavano cercando di prevenire. Abbiamo finito di mangiare e siamo andati in macchina al Campidoglio, la sede dell'assemblea legislativa dello Stato. La Carolina del Sud era stata il primo territorio a staccarsi dalla nazione, e anche il luogo dove, dopo la guerra civile, sia la Ricostruzione sia la Redenzione avevano raggiunto gli esiti piú estremi. All'epoca la Carolina del Sud era uno Stato a maggioranza Nera, e all'apice della Ricostruzione, prima che venisse smantellata dalla Redenzione, si erano affermate una classe operaia emancipata e una democrazia multirazziale. Cosí era andata, ma non è questa la storia narrata dal Campidoglio. C'è sí una bella scultura realizzata dall'ex astronauta divenuto artista Ed Dwight, ma i nove ettari che circondano l'edificio sono dedicati per la maggior parte alla celebrazione del suprematismo bianco. Enormi statue sorgono su alti piedistalli, cosí che uomini come Strom Thurmond, che fondò la sua intera carriera politica sulla segregazione, svettano come divinità. C'è Wade Hampton, che tenne in schiavitú generazioni di Neri e poi combatté una guerra sanguinosa per difendere quel sistema. E anche Ben Tillman, che una volta in Senato si vantò di aver partecipato a un linciaggio. E sapeva di cosa parlava. Nel 1876 aveva dato il suo contributo entusiasta al massacro della popolazione Nera di Hamburg, e nel 1895 aveva esortato i suoi concittadini bianchi a cancellare i Neri dalla costituzione dello Stato. Il movimento per estromettere i Neri dalla politica aveva imperversato in tutto il Sud, riuscendo a prevalere in assemblee legislative, amministrazioni locali e tribunali. Ma se si guarda solo agli organi governativi ufficiali, non si coglie tutta la portata di quell'attacco.

Raccontando lo sfruttamento dei contadini nell'Europa medievale, la storica Barbara Tuchman ha scritto in *Uno specchio lontano* che «la maggior parte dei racconti e delle ballate» dell'epoca dipingeva il contadino come «aggressivo, insolente, avido, astioso, sospettoso, scaltro, non sbarbato, sporco, brutto, stupido». Tuchman cita alcuni racconti dell'epoca secondo cui una classe contadina che non venga sfruttata «disturba Dio» e le cose vanno come devono andare solo quando i contadini sono ridotti a «mangiar cardi e rovi, spine e paglia». Quei racconti giustificavano il feudalesimo e il lavoro forzato – dove l'enfasi è sul «forzato»:

> Le documentazioni parlano di contadini crocefissi, arrostiti, trascinati dietro cavalli in corsa dai briganti che volevano estorcere loro soldi. C'erano predicatori che sottolineavano come il contadino lavorasse senza posa per tutti, spesso sopraffatto dalle tante incombenze, e che chiedevano maggiore benevolenza, tuttavia non potevano consigliare alle vittime altro che pazienza, obbedienza e rassegnazione.

Ricordo di aver letto questo brano e di essere rimasto stupito da quanto mi suonava familiare, ogni dettaglio, anche l'idea di una ricompensa ultraterrena. Ma non avrei dovuto stupirmi. Le narrazioni sui servi della gleba – la negrologia dell'Europa duecentesca – servivano a giustificare il loro sfruttamento. E quel che valeva per il Medioevo valeva anche per il Sud all'epoca di Jim Crow. Non si innalzano statue come quelle che ho visto all'assemblea legislativa senza uno scopo ben preciso. La politica è l'arte del possibile, ma l'arte crea il possibile della politica. A monte di una politica che si proponga di smantellare il welfare c'è il mito della *welfare queen*. Romanzi, memoir, dipinti, sculture, statue, monumenti, film, serie televisive, pubblicità e articoli di giornale conferiscono un certo ordine alla nostra realtà. La segregazione di Jim Crow – coi suoi cartelli e le sue scappellate rituali – era tanto una politica quanto una messinscena. Le arti ci dicono cosa è possibile e cosa no perché, fra le altre cose, ci dicono chi è umano e chi no. I Gold Dust Twins e i Korn Kinks, i Sambo e i Nigger Head, gli Uncle Ben e le Aunt Jemima, i negretti e i cioccolatini, il prima-muore-il-negro e il la-troia-nera-è-affamata-di-cazzo sono i miti di fondazione di un impero.

E furono messi per iscritto. Nell'Ottocento, mentre cercavano di costruire la prima democrazia egualitaria della storia americana, gli ex schiavi dovettero affrontare l'opposizione dei bianchi che si consideravano «Redentori» – non solo del governo e della società, ma della storia e dell'arte. Innalzarono statue. Scrissero libri di storia, memorie e romanzi. E poi, quando l'opera della Redenzione fu completata, furono pubblicate altre storie, cosí che terroristi e banditi fossero ricordati come cavalieri e paladini. Jesse James è il Robin Hood americano, un fuorilegge celebrato da romanzi, film e canzoni per essersi opposto alle grandi forze del capitalismo industriale, alle ferrovie e agli spregiudicati imprenditori del Nord. Ma l'arte occulta la verità riguardo a Jesse James, ovvero che era il rampollo di una famiglia di proprietari di schiavi, che combatté per difendere lo schiavismo e contro la Ricostruzione, e che nella sua prima rapina a un treno indossava un cappuccio del

Ku Klux Klan. Col tempo, perfino quel simbolo di terrorismo sarebbe stato redento.

Quando decise di «scoccare una grossa freccia dritto nel cuore del cinema americano», D.W. Griffith sapeva esattamente come farlo, e non sarebbe stata arte per l'arte. La Guerra civile «non è stata raccontata in modo accurato nei libri di storia, – sosteneva. – La storia la fanno sempre i vincitori». È un'esagerazione, è quel solito rivoltare la frittata che il potere usa per giustificarsi – il bullo che pretende di essere lui la vittima per ammantare di virtú la propria violenza. Ma i «perdenti» della Guerra civile non erano vittime. Anzi, la visione del mondo espressa in *Nascita di una nazione* era condivisa dal presidente degli Stati Uniti, Woodrow Wilson. Griffith infarcí il film di citazioni dai dieci volumi della *History of the American People* di Wilson, e il presidente fece proiettare il film alla Casa Bianca. Era l'arte come politica, ed ebbe un successo mostruoso. Rimodellò l'industria del cinema, l'arte filmica e la storia americana. Ispirato da *Nascita di una nazione*, nacque il secondo Ku Klux Klan, che attinse i suoi rituali – che ancora oggi ci assillano – direttamente da quel film. E poi, nel 1919, quattro anni dopo la sua uscita, l'«estate rossa» e la peste dei linciaggi imperversarono per tutto il paese. La vita aveva imitato l'arte, e i Neri si trovarono a dover fuggire, e a lottare per aver salva la vita.

Abbiamo vissuto per cosí tanto tempo sottoposti a una classe di persone che dominava la cultura americana con una croce in fiamme che non ci rendiamo nemmeno piú conto di cosa significhi essere dominati. Loro però se ne rendono conto. E cosí i Redentori dei nostri tempi si guardano intorno e vedono il loro regno assediato da Barbie trans, mutanti musulmani, figlie che si fidanzano con altre figlie, figli che fanno dolcetto o scherzetto travestiti da re di Wakanda. La loro paura non nasce da ciò che questa cultura montante fa oggi, ma da ciò che lascia presagire del domani, ovvero un mondo diverso, in cui i confini dell'umanità non saranno piú tracciati e imposti con la stessa facilità. In questo contesto, le Moms for Liberty che gridano «Pensate ai bambini!» devono essere prese sul serio. Quello che stanno dicendo è che il loro diritto all'America che conoscono, il loro diritto al piú vasto e verde dei cortili, al piú voluminoso e robusto dei Suv, a un inesauribile arsenale di AR-15, si basa su una gerarchia, un ordine opportunamente giustificato e santificato dalle idee, l'arte e i metodi educativi del loro paese.

Questo è il cuore della faccenda. Non è un caso che a essere presa di mira sia stata proprio Mary, che insegna scrittura al livello piú alto. Tante sparate odierne sui «libri vietati» e la «censura» sono fuorvianti. Nel mirino non ci siamo io o altri scrittori del momento. Ci sono gli scrittori che verranno: i confini della loro immaginazione, l'andamento del loro pensiero, la profondità delle loro domande. Non posso dire che lo sapessi già il primo giorno che ho messo piede a Lorton, ma da quando ho cominciato a insegnare ho capito in fretta che diventare un bravo scrittore non sarebbe stato abbastanza. C'era bisogno di altri scrittori, e io avevo la responsabilità di aiutarli come lettore essendo un ascoltatore attivo delle storie che volevano raccontare, e di aiutarli come insegnante cosí che imparassero a raccontarle meglio, a penetrare piú a fondo nella loro verità allo stesso modo che rendeva euforico me, e a penetrare nel cuore dei lettori infiammandoli come Mary era stata infiammata quando aveva cominciato l'università: da parole su una pagina.

Mentre passeggiavamo attorno al Campidoglio, pensavo a cosa poteva significare per un giovane studente visitare quel luogo. A cosa doveva significare passeggiare fra membri del Ku Klux Klan, schiavisti e segregazionisti innalzati come titani sui loro piedistalli. Pensavo a cosa significa poi tornare in scuole da cui a poco a poco vengono estromesse le opere che criticano quella beatificazione, in biblioteche che vengono depurate da storie capaci di creare disagio. E pensavo come tutto questo serva non solo a disinformare, ma a diseducare; ad assicurarsi non solo che le risposte giuste vengano memorizzate, ma che le domande sbagliate non vengano mai poste. E pensavo a me a Baltimora, e a cosa ero stato addestrato. Se mi ero salvato, era grazie ai libri che avevamo in casa, e al fatto di aver capito che l'apprendimento non avviene soltanto a scuola. Cosa sarei diventato se fossi rimasto in balía degli stratagemmi di coloro che cercano di soffocare l'istruzione, di renderla ordinata e remissiva? Non lo so. Ma so che cosa non sarei diventato: uno scrittore.

Le statue e le rievocazioni storiche possono ingannarvi. Sembrano simboli di guerre concluse da tempo, combattute nell'interesse di uomini morti da tempo. Ma lo scopo della loro Redenzione non è onorare un passato. È assassinare un futuro.

IV. Il sogno colossale

Ci hanno mentito troppo spesso.
NOURA ERAKAT

L'ultimo giorno del mio viaggio in Palestina ho visitato lo Yad Vashem, l'Ente nazionale per la Memoria della Shoah. Credo che nessun altro sito commemorativo mi abbia mai colpito altrettanto. Era fine maggio e in quel periodo nel Levante il tempo è secco e mite. Anche lí, come a Gorée, ho rifiutato la visita guidata, preferendo gironzolare per il complesso – gli edifici, i monumenti, l'area esterna – con la sola compagnia delle mie impressioni. Ho cominciato entrando in un grosso edificio con le pareti color avorio, dove mi sono trovato davanti all'imponente Libro dei Nomi, una sala lunga otto metri occupata quasi per intero da settanta blocchi di fogli, in tutto 17 500 pagine alte come una persona adulta, su cui sono scritti i nomi di quasi cinque milioni di ebrei assassinati nell'Olocausto.

Ho percorso lentamente l'intera lunghezza del Libro, sfogliando le pagine, soffermandomi di tanto in tanto, fino a circumnavigare l'intero cataclisma. Ero lí da appena venti minuti e già sentivo il bisogno di una pausa. Mi sono seduto su una panca, sprofondando in una specie di riflessione senza pensieri, in cui provavo sensazioni ma non parlavo, neppure con me stesso. La mente umana è in grado di concepire una quantità limitata di tragedia – e quando le vite perdute aumentano vertiginosamente, diventando centinaia, poi migliaia, e poi milioni, quando gli assassinati diventano una massa gigantesca, apparentemente sconfinata, perdiamo la nostra capacità di vedere le vittime come qualcosa di diverso da un'astratta, quasi teorica, sfilza di vite. E cosí si perpetra un ulteriore crimine: gli esseri umani vengono ridotti a una poltiglia di sofferenza. Allo Yad Vashem, la pura e semplice immensità del Libro rispecchia la portata del crimine documentato, mentre i nomi, ognuno riportato in modo ben chiaro, risaltano sullo sfondo della massa indistinta, come stelle a punteggiare la notte. In questo senso, il Libro dei Nomi fa esattamente quello che cerchiamo di fare noi scrittori. Chiarifica.

Sono rimasto seduto sulla panca a guardare una giovane coppia che, parlando in francese, sfogliava il Libro alla ricerca del nome di un parente perduto. Poi mi sono alzato, sono uscito dalla sala con le pareti color avorio e mi sono incamminato lungo il Viale dei Giusti fra le nazioni, un lungo spazio esterno dedicato ai gentili che hanno rischiato la vita per salvare gli ebrei perseguitati da Hitler. Al fondo del viale, sono entrato nel museo sulla storia dell'Olocausto. In passato avevo percorso le sale a spirale del National Museum Of African American History & Culture, un itinerario che ha inizio nella stiva di una nave negriera. Ero stato alla Whitney Plantation a New Orleans, che non celebra le gentildonne sudiste e i mint julep, ma ricorda il sistema di lavoro forzato in cui esseri umani venivano imprigionati, frustati e fatti lavorare fino all'esaurimento fisico e oltre. Avevo visto i terrapieni della battaglia del Wilderness in Virginia, dove migliaia di soldati erano bruciati vivi in una guerra scatenata per preservare lo schiavismo. Il fatto che gli Stati Uniti prestino piú attenzione ai genocidi all'estero che a quelli in patria potrebbe quasi spingervi a una forma di negazionismo, ovvero a pensare che le malefatte dell'Olocausto siano state esagerate di proposito. Non è cosí. Ogni volta che visito un memoriale di quella specifica catastrofe, ne esco sempre pensando che è stata ancora peggio di quanto credevo, peggio di quanto potessi mai immaginare. Ed è andata cosí anche allo Yad Vashem.

Sono entrato nell'edificio principale e mi sono trovato davanti un collage di filmini amatoriali girati negli anni in cui quella tecnologia era ancora agli albori. Sequenze provenienti da diverse comunità ebraiche erano montate in modo da comporre un unico film. Ero troppo attonito per prendere appunti su quel che vedevo, ma un'immagine continua ad assillarmi: due bambine che guardano in camera salutando, rivolgendosi a me da quell'epoca lontana. Poi sono scomparse, e io mi sono sentito sul nastro trasportatore del tempo, in movimento attraverso un mondo che pure stava per scomparire.

Ho proseguito, percorrendo lentamente il museo. Ho visto i ritratti di famiglie assassinate. Ho visto le fruste intrecciate usate nei campi di concentramento per incitare gli ebrei al lavoro. C'era una mappa con didascalie e grafici a barre da cui si ricavavano dati atroci: tre milioni di ebrei polacchi su tre milioni e duecentocinquantamila spazzati via. E c'erano momenti di grande eroismo, per esempio la storia dei cinquantamila ebrei salvati da Dimităr Pešev, vicepresidente del parlamento bulgaro. Mi sentivo in colpa ad aver bisogno di quei rari momenti di requie narrativa, se non altro perché scrivere mi ha insegnato a guardare in faccia l'orrore senza rifugiarmi in una vana speranza a buon mercato. Ma quando te ne stai lí a contemplare la storia del campo di concentramento di Klooga – dove i nazisti furono assassini cosí solerti da ammazzare duemila ebrei per evitare che fossero salvati dalle truppe russe in arrivo – ti senti sfuggire la speranza fra le dita, e non solo la speranza per i prigionieri ebrei a Klooga. In un posto cosí, ti senti invadere la mente da tenebre che si espandono sempre di piú, e ti chiedi se la depravazione umana abbia un fondo, e se non ce l'ha, che speranza c'è per ognuno di noi?

Ma era tutto cosí: un espandersi della tenebra, un fare i conti con le sue dimensioni, la sua forma, il suo peso. Ricordo di essermi soffermato davanti a un pannello che raccontava la storia della *Struma*, un'imbarcazione sgangherata che aveva strappato da morte certa in Romania 781 ebrei portandoli sino ai confini della Turchia. I passeggeri avevano chiesto di entrare in Palestina, che all'epoca era un mandato britannico. La richiesta era stata rifiutata e i profughi erano stati rimorchiati nel Mar Nero attraverso il Bosforo e abbandonati lí. Il giorno dopo la nave era stata colpita da un siluro russo. Erano rimasti uccisi tutti, eccetto il diciannovenne David Stoliar, un uomo che le tenebre le conosceva bene. In Romania era stato espulso dalla sua scuola per il crimine di essere ebreo, e poi, prima di riuscire a imbarcarsi sulla *Struma*, aveva passato un periodo in un campo di lavoro. Nel 1948 era libero, e combatté per trasformare in realtà l'ideale sionista.

La formazione dello Stato di Israele, la luce che emerge dalle tenebre della Shoah, è stata considerata a lungo un esaltante epilogo all'Olocausto, un esempio di come il lungo arco dell'universo morale tenda verso la giustizia. Quel collegamento veniva fatto anche lí allo Yad Vashem, in una delle ultime installazioni: un filmato in bianco e nero di David Ben Gurion che proclamava la creazione dello Stato di Israele. Quest'arco – dall'Olocausto allo Stato-nazione – è stato tracciato dal cinema, dalla letteratura e dalla memoria globale. L'implacabile cupezza di *Schindler's List* si allenta quando gli ebrei indesiderati ed erranti salvati da Schindler trovano una casa nella loro Terra Promessa, mentre sullo sfondo risuona *Jerusalem of Gold*. È cosí che il bisogno di un sollievo narrativo può essere definitivamente appagato: a duemila anni di soprusi si è finalmente posto rimedio, e un popolo oppresso, perseguitato e vittima di un genocidio su scala industriale, non solo è riuscito a sopravvivere ma ha trovato il modo di tornare in una casa donatagli da Dio.

Casa... Questa parola – con tutte le sue risonanze in termini di sicurezza, calore e famiglia – racconta solo una metà della storia nazionale di Israele. Il popolo ebraico non si è limitato a coltivare finalmente la propria Terra Promessa al riparo dal terrore dei gentili, ma su quella Terra Promessa ha eretto uno Stato ebraico, vale a dire una nazione ebraica con una bandiera ebraica ufficiale, una lingua ebraica ufficiale e un esercito ebraico ufficiale. E ciò ha significato non solo libertà ma anche potere. Dopo i massacri in Renania, dopo che la civiltà umana l'aveva abbandonato alle camere a gas, dopo Dreyfus e Shylock, dopo l'espulsione dalla Spagna, dopo duemila anni di spogliazioni, il popolo ebraico andava a occupare il suo posto tra i Forti. La forma geometrica di questa storia non è solo l'arco della giustizia, ma qualcosa di piú: un cerchio perfetto. Non solo una riparazione, ma una restituzione, una redenzione.

E i segni di quella redenzione mi sono balzati agli occhi non appena entrato nello Yad Vashem, perché la prima cosa che ho visto non è stata un'installazione, ma una ventina di soldati in tuta mimetica, armati con fucili delle dimensioni di un bebè. E anche loro erano poco piú che bambini – sembrava avessero appena finito le superiori – e se ne stavano lí a scambiarsi battute che solo loro capivano. Sono rimasto a guardarli, probabilmente piú a lungo di quanto avrei dovuto. C'era qualcosa di incongruo in cosí tanti fucili branditi in un luogo tanto solenne. Certo, erano lí per proteggere quel museo da coloro che avrebbero preferito che Hitler avesse portato a termine la sua opera. Ma a quel punto sapevo che quei soldati non erano lí solo per quello.

Il mio primo giorno completo a Gerusalemme ero andato con un gruppo di colleghi scrittori, redattori e artisti a visitare la città vecchia. Alloggiavamo a Gerusalemme Est, che dal 1967 si trova, insieme alla Cisgiordania e a Gaza, sotto l'occupazione israeliana. Eravamo una decina di persone, venute da tutto il mondo – Sudafrica, Kashmir, Gran Bretagna, Stati Uniti – su invito del Festival della letteratura palestinese. Per cinque giorni ci avevano accompagnato di città in città in modo da farci vedere la Palestina da vicino. Il sole splendeva enorme in un cielo senza nubi, ma l'aria era relativamente fresca. Siamo arrivati sulla soglia della Porta dei Leoni, dove ci ha accolto il custode di uno dei luoghi piú sacri dell'Islam: il complesso di al-Haram al-Sharif, che comprende la moschea di al-Aqsa e la Cupola della Roccia. L'obiettivo della nostra visita era quello, ma la cosa è stata resa difficile dalla falange di soldati che ci ha esaminato i passaporti e poi, senza alcuna ragione apparente, ci ha fatto aspettare.

L'area su cui sorge il complesso di al-Haram al-Sharif è sacra sia ai musulmani sia agli ebrei. I musulmani credono che sia il luogo dove il profeta Maometto è asceso al cielo. Gli ebrei lo chiamano in un altro modo: il Monte del Tempio, un sito religioso che trae il suo potere dal convergere di leggende collettive, biografia collettiva e fatti storici. Tutt'e tre le religioni abramitiche – cristianesimo, giudaismo e Islam – credono che il Monte del Tempio sia il luogo dove sorgeva un edificio sacro costruito dal re biblico Salomone. Inoltre, il Monte del Tempio è il sito del tempio del re Erode. E mentre le prove archeologiche per il tempio di Salomone sono scarse, l'esistenza di quello del re Erode è un fatto accertato. E poi c'è la profezia, perché alcuni fervidi credenti ritengono che un giorno sul Monte verrà eretto un terzo tempio, e che questo evento sarà il preludio alla venuta del Messia. Il Muro occidentale, sul limitare di al-Haram al-Sharif, è l'unico vestigio rimanente del tempio di Erode, ed è anche l'area riservata agli ebrei per il loro culto, in base a un accordo chiamato «status quo» che divide la città vecchia in zone di culto separate per ebrei, cristiani e musulmani. Anche la Gerusalemme moderna è divisa, fra parte est e parte ovest, la prima abitata soprattutto da palestinesi e la seconda da israeliani. Per molto tempo i fautori della soluzione a due Stati hanno immaginato che Gerusalemme Ovest sarebbe diventata la capitale di Israele e Gerusalemme Est la capitale dello Stato palestinese. La città vecchia si trova a Gerusalemme Est e, per il momento, a esercitare il controllo nominale su al-Haram al-Sharif è una fondazione islamica finanziata dalla Giordania. Ma il vero controllo lo esercita la potenza occupante, coi risultati che si possono immaginare: gli israeliani visitano regolarmente il complesso di al-Haram al-Sharif, mentre i palestinesi non possono accedere al Muro occidentale.

Siamo rimasti alla Porta dei Leoni per circa tre quarti d'ora, parlando fra noi, non capendo cosa stesse succedendo o perché ci avessero fermati. Forse perché avevamo delle macchine fotografiche? Forse perché la nostra guida era giordana? Nessuno ci forniva spiegazioni, ci faceva domande o ci dava indicazioni. I soldati si limitavano a starsene lí coi loro enormi fucili, a bloccarci l'accesso. Mi sono appoggiato a un muro e ho osservato i gruppi di turisti che entravano e uscivano indisturbati dalla porta. Ma in tutto quel tempo attraverso la Porta dei Leoni non è passata neanche una persona che sembrasse musulmana. Non riuscivo a esprimere a parole quello che stavo vedendo, ma osservando quei soldati che ci rubavano il nostro tempo, il sole che gli si rifletteva sugli occhiali scuri come se fossero sceriffi della Georgia, sentivo la mia lente mentale che si inclinava per mettere a fuoco quella confusa visione di nuovi e strani eventi.

L'indomani ero con lo stesso gruppo a passeggio nella città vecchia di Hebron insieme a Walid Abu al-Halawah, un urbanista del posto. Con occhiali dalle lenti colorate, jeans scuri e camicia verde a maniche lunghe, al-Halawah ci ha spiegato che quando lui era bambino quella città era animatissima e aperta a tutti, con un fiorente mercato e frotte di pellegrini che andavano a visitare al-Haram al-Ibrahimi, tradizionalmente considerato il luogo di sepoltura di Abramo, Sara, Isacco e Giacobbe. Ora invece, come nella città vecchia di Gerusalemme, i soldati israeliani esercitavano un controllo assoluto su qualunque movimento. Ci trovavamo all'ingresso di una strada chiamata al-Shuhada, un tempo la principale via commerciale della vecchia Hebron.

Adesso i palestinesi non hanno il permesso di accedervi, mentre chiunque non sia palestinese può passeggiare per le strade come gli pare e piace. – Qui ci sono centoventisei telecamere che filmano tutto, – ci ha spiegato Walid. Poi ha indicato un tetto dopo l'altro, dicendo: – Lí c'è una telecamera. Lí un'altra. Lí un'altra ancora.

Il tratto piú evidente di Hebron era la stupefacente varietà dei posti di blocco – alcuni composti solo da soldati ciondolanti, altri fatti di massicci cancelli con tornelli metallici. Mentre ci avvicinavamo a uno di quei checkpoint ho visto due bambini palestinesi che venivano fermati da un soldato e rimandati indietro. Poi è venuto il nostro turno. Ci siamo avvicinati uno per volta. I soldati hanno controllato i passaporti e ci hanno lasciati passare. Quei soldati fanno il bello e cattivo tempo, fermando e interrogando arbitrariamente chiunque vogliano. Qualche ora dopo, mi sono allontanato dal gruppo per comprare qualcosa in un negozio. Ma prima che potessi arrivarci, un soldato si è staccato da un checkpoint, mi ha fermato e mi ha chiesto di dichiarare la mia religione. Quando gli ho detto che non ne avevo nessuna, mi ha guardato con aria scettica e ha chiesto la religione dei miei genitori. E quando gli ho detto che anche loro non erano religiosi, ha roteato gli occhi e mi ha chiesto dei miei nonni. Gli ho detto che erano cristiani, e allora mi ha lasciato passare.

Se fosse successo negli Stati Uniti, vi avrei detto che il soldato che mi aveva fermato era Nero, e presumo che lo fosse anche lí. Di fatto c'erano ovunque soldati «Neri» che esercitavano il loro potere sui palestinesi, molti dei quali negli Stati Uniti sarebbero stati considerati «bianchi». Di nuovo ho sentito che la lente mentale si inclinava per mettere a fuoco, e ho ripensato a una cosa che so da tanto tempo, una cosa di cui ho scritto e parlato, ma che mi ha lasciato lo stesso di stucco vendendola palesarsi cosí smaccatamente: la razza è una forma di potere e nulla piú. E in quel momento sapevo dove sarei precipitato nella gerarchia del potere se a quel soldato Nero avessi detto che ero musulmano. E a un tratto, in quella via cosí lontana da casa, ho sentito di aver viaggiato non solo attraverso lo spazio ma anche attraverso il tempo.

Perché, cosí come nel paese in cui erano nati i miei avi nessuno di loro era uguale a un qualunque uomo bianco, Israele si stava rivelando un paese dove nessun palestinese è mai, da nessuna parte, uguale a una qualunque persona ebrea. Non è difficile rendersene conto. A parte le mie impressioni iniziali, c'è la legge, che chiaramente e senza mezzi termini istituisce una società bipolarizzata. Gli ebrei israeliani che sposano ebrei nati all'estero non hanno da preoccuparsi della cittadinanza dei loro coniugi. Mentre Israele inserisce i palestinesi privi di cittadinanza in un registro demografico, e impedisce ai cittadini palestinesi di trasmettere il loro status a chiunque compaia su quel registro, sia all'estero sia in Cisgiordania. A Gerusalemme gli ebrei israeliani sono cittadini dello Stato; i palestinesi invece sono «residenti permanenti», una sorta di sotto-cittadinanza che prevede minori benefici e tutele. A Hebron i coloni ebrei sono soggetti alla legge civile, coi diritti e le garanzie che comporta, mentre in quella stessa città i palestinesi apolidi sono soggetti ai tribunali militari, col loro potere sommario e il loro scetticismo.

La natura segregata e discriminatoria della legge israeliana è radicale e onnipresente, ed è una cosa che ho visto coi miei occhi. Le strade piccole e grandi su cui viaggiavamo erano riservate alle auto con la targa di un certo colore: gialla, usata soprattutto dagli ebrei, oppure bianca con la scritta verde, usata quasi esclusivamente da chi non lo è. Mentre percorrevamo quelle strade lungo la Cisgiordania, la nostra guida ci indicava gli insediamenti – una parola che per me aveva sempre evocato tendopoli in mezzo al deserto, mentre di fatto si tratta di quartieri simili ai sobborghi residenziali statunitensi, schiere di villette con grandi tetti rossi molto diverse dalle casupole dei villaggi palestinesi, cosí come negli Stati Uniti le staccionate bianche distinguono le aree suburbane dai congestionati centri cittadini.

In tutta la Cisgiordania, ho visto grandi cisterne per la raccolta dell'acqua piovana. Quelle cisterne erano quasi sicuramente illegali, dato che la morsa dello Stato di Israele sulla Cisgiordania comporta anche il controllo delle falde acquifere sotterranee e dell'acqua piovana che cade dal cielo. Per qualunque struttura che abbia lo scopo di raccogliere acqua è necessario un permesso della potenza occupante, permesso che ai palestinesi viene concesso di rado. Le conseguenze sono prevedibili: il consumo di acqua pro capite degli israeliani è il quadruplo di quello dei palestinesi che vivono sotto l'occupazione. Mentre negli insediamenti in Cisgiordania, ben piú che semplici avamposti, si possono trovare circoli sportivi con grandi piscine. Vedendo quelle cisterne, mi è venuto da pensare che Israele si è spinto ancora oltre il Sud delle leggi di Jim Crow, segregando non solo piscine e fontane, ma l'acqua stessa. E poi mi è venuto da pensare che su questo pianeta c'è ancora – sotto il patrocinio statunitense – un luogo che somiglia al mondo in cui sono nati i miei genitori.

E io mi trovavo in quel mondo, anche mentre percorrevo con passo esitante lo Yad Vashem, che è, fra le altre cose, una grandiosa narrazione su antenati oppressi costruita da discendenti oppressori. Me ne rendo conto ora che ho viaggiato in quella terra. Ma c'è stato un tempo in cui ne avevo solo un'idea molto vaga, e ho invocato quella stessa terra al servizio di una storia, la mia, molto piú limitata. Mi fa male dirvelo. Mi fa male sapere che con la mia scrittura ho fatto a un popolo la stessa cosa contro cui mi scaglio adesso in questo scritto – sapere che ho sottovalutato un popolo, sminuito un popolo, cancellato un popolo. Voglio dirvi che ho fatto un errore. Voglio dirvi che l'oppressione che subite non vi salverà, che essere vittime non vi illuminerà, ma anzi rischia di ingannarvi. L'ho imparato qui. A Haifa. A Ramallah. E soprattutto qui allo Yad

Vashem. Perciò questa è ancora una volta una storia sulla scrittura, sul potere, sul saldare i conti, una storia non di redenzione ma di risarcimento.

Quando penso ai miei primi giorni di scrittore quello che ricordo è un senso di struggimento – *sentivo* tutto quello che avrei voluto dire, ma non lo *sapevo* con esattezza. C'erano cosí tante cose che non capivo, e quelle che capivo non riuscivo a dirle con tutte le stratificazioni e il colore necessari per comunicare quella comprensione a chi leggeva. Mi innamoravo di una ragazza e le mie emozioni ne erano cosí dominate che l'unico sfogo che trovavo era scriverne. Ma quando tiravo fuori il mio quaderno bianco e nero e posavo la penna sul foglio, quello che vedevo erano le parole di migliaia di altri uomini che c'erano passati prima di me. Non avevo una voce – cioè cadenza, lessico, senso della bellezza – che potessi definire mia. Restavo alzato fino a tardi a leggere e rileggere *As You Leave Me* di Etheridge Knight e mi chiedevo come diavolo aveva fatto. Cosa significa guardare una donna che ami «svanire nelle strade buie | a fischiare e sorridere ai clienti»? Ero cosí giovane. Sapevo com'era desiderare in un modo ed essere desiderato in un altro – ma non cosí, non con una donna che usciva «a fischiare e sorridere ai clienti». Quella frase era un'allusione cosí elegante alla prostituzione da farmi pensare che Etheridge Knight, anche se magari non ne aveva un'esperienza diretta, ne sapeva abbastanza da darci l'impressione che ce l'avesse. E quella per me era una lezione. So che esistono scrittori in grado di immaginare un mondo dal nulla. Ma io non sono cosí. Il senso della bellezza che stavo cercando doveva emergere dalla conoscenza.

Dieci anni fa ho cominciato ad avere l'impressione di riuscire finalmente a padroneggiare le tecniche e competenze di cui ho parlato con voi: la bellezza derivante dalla tessitura e dal ritmo delle parole, la fondamentale importanza della ricerca sul campo e dello studio approfondito, la forza di una lingua attiva e consapevole, il potere dei tempi verbali, il peso della storia. Non mi consideravo un maestro nel maneggiare tutto quell'arsenale, ma sentivo di aver capito bene come andava usato. Inoltre mi ero ritrovato, con mia grande sorpresa, a scrivere per l'«Atlantic», una veneranda rivista dotata delle risorse necessarie a sostenere e rafforzare la mia scrittura. Questo è stato decisivo. Credo di appartenere a una schiatta di giornalisti autodidatti, uomini e donne in possesso di una verità essenziale ma costretti a testimoniare quella verità senza revisori e fact checker, e senza potersi giovare, per mettere a punto quella testimonianza, di archivi lontani e database costosi. Ma ora quegli strumenti li avevo, e mi rendevo conto che per la forza che sentivo di possedere come scrittore era indispensabile la forza amplificatrice dell'istituzione intorno a me.

Tutto questo ho finito per metterlo a frutto in un articolo per l'«Atlantic», *Un conto ancora aperto*. Mentre lo scrivevo, me lo sentivo scorrere dentro – lo studio del linguaggio, le letture, le ricerche sul campo –, e tutto confluiva in quella che mi sembrava una dissertazione rivolta a un'unica persona. Ora sembrerà assurdo, lo so, ma nei mesi prima che l'articolo fosse pubblicato sentivo di aver finalmente trovato la risposta all'assillante domanda del perché la mia gente si trova sempre al fondo di qualunque indicatore socioeconomico. La risposta era semplice: il persistere della nostra indigenza trovava un'esatta corrispondenza nel persistere del saccheggio perpetrato a nostro danno. Avevo ricevuto un dono, e quel dono non consisteva solo nella consapevolezza del fatto che «loro» stavano mentendo (su di noi, su questo paese e su se stessi) ma anche nelle prove documentarie di quanto sostenevo: studi, monografie, e le mie stesse ricerche sul campo. E avevo alle spalle un'istituzione disposta a garantire la validità delle mie conclusioni, e a sostenerle col suo peso e la sua autorevolezza. Presumo suoni strano che proprio io, che parlo sempre del potere della scrittura, vi dica questo, ma sono rimasto stupefatto da tutto quel che è conseguito da quel concorso di circostanze. Il mio obiettivo era relativamente poco ambizioso: sintetizzare erudizione e giornalismo in modo dinamico e avvincente, «fare della scrittura politica un'arte», come auspicava Orwell, in modo che il concetto di risarcimento, l'idea che eravamo stati rapinati e dovevamo essere rimborsati, non potesse piú essere liquidato dai rapinatori con una risata e una scrollata di spalle. Forse è stato questo il mio errore.

Avanzare un'accusa in base alla legge degli accusati è una mossa pericolosa. Per quanto tu possa cercare di tenere presenti le tue motivazioni, per quanto tu possa sentire di essere riuscito a dire quello che volevi, ti trovi pur sempre nel loro mondo, e sei quindi costretto a rivolgerti a loro attingendo ai loro simboli e alle loro storie. Questa necessità è ancora piú grande quando per loro sei uno sconosciuto, se non un avversario, perché in tal caso le tue rivendicazioni sono accolte con uno scetticismo ancora maggiore. Vivevo in un mondo di direttori bianchi e giornalisti bianchi. Rispettavo e ammiravo dal punto di vista professionale molti di loro, e alcuni li consideravo amici. La cosa era reciproca, ed esistevano pochissimi posti piú disponibili dell'«Atlantic» a fornirmi le risorse necessarie per coltivare la scrittura e l'immaginazione. Adesso credo che mi considerassi fortunato ad aver anche solo l'opportunità di pubblicare quella che consideravo una tesi estremamente radicale come articolo di copertina di una rivista tanto prestigiosa e stimata. Eppure sentivo che stavo cercando di mostrare la verità e la gravità del debito contratto dal suprematismo bianco a persone che non lo capivano istintivamente e che avrebbero avuto grandi difficoltà a immaginare che quel debito potesse venire saldato. E cosí per rendere le mie idee piú convincenti ho fatto ricorso alla stessa storia evocata allo Yad Vashem – il cerchio perfetto, dall'Olocausto allo Stato – e agli sforzi della Germania per saldare il suo debito sconfinato fornendo risarcimenti allo Stato di Israele.

All'epoca avevo un'idea, per quanto approssimativa, delle vessazioni perpetrate dallo Stato di Israele ai danni del popolo palestinese. E conoscevo la lunga storia di alleanze fra i combattenti per la libertà della Palestina e gli attivisti radicali Neri a cui facevo risalire le mie radici. Ricordo di aver guardato con mio padre *World News Tonight* ricavandone la vaga sensazione che gli israeliani fossero «bianchi» e i palestinesi «Neri», vale a dire che i primi fossero gli oppressori e i secondi gli oppressi. E una volta – nel periodo in cui sognavo di diventare un poeta – mio padre mi aveva passato un libro della poeta palestinese-americana Suheir Hammad intitolato *Born Palestinian, Born Black*, un abbinamento che mi sembrava del tutto naturale, anche se non avrei saputo spiegare bene perché.

Provavo solo la sensazione istintiva che i palestinesi fossero sottoposti a gravi ingiustizie, una sensazione che probabilmente derivava dal mio scetticismo rivendicazionista verso gli Stati Uniti e quella che percepivo come bianchezza. Ma ero diventato giornalista proprio nel momento in cui cominciavo a non accontentarmi piú né del rivendicazionismo né di prese di posizioni basate sull'istinto. Perciò ero fiero di *Un conto ancora aperto*, perché si basava sí sull'istinto, ma anche su una sintesi di fatti concreti. Ero stato plasmato dai giornalisti della rivista (per lo piú bianchi) che ammiravo, reporter coraggiosi e maestri nell'arte di ricavare dai tanti rivoli delle loro ricerche sul campo una narrazione coerente e avvincente. Pochi di loro scrivevano del «conflitto israeliano-palestinese», e dai loro articoli mi ero fatto l'idea che comprendere il «conflitto» fosse una questione di conoscenza, non di morale. E quella conoscenza mi era estranea quanto la matematica computazionale. A ciò va aggiunto che mi nutrivo di giornalismo specializzato, talk show domenicali e chiacchierate nei corridoi, e tutto sembrava confermare la presunta complessità del «conflitto». Eppure da quella complessità emergeva una ben precisa narrazione incontestabile, punteggiata da cliché che si presentavano come verità inequivocabili: Israele era una «democrazia ebraica», anzi «l'unica democrazia del Medio Oriente», e aveva sia «il diritto di esistere» sia «il diritto di difendersi».

Era proprio contro questo genere di luoghi comuni e finzioni nazionali che avevo indirizzato la mia scrittura. E per questo ero stato elogiato e ben ricompensato. Ma l'anno in cui scrissi *Un conto ancora aperto* fu anche quello in cui feci per la prima volta domanda per il passaporto. Il mio lavoro aveva una valenza altrettanto locale della risonanza che aveva avuto – e a volte, dentro di me, mi consideravo ancora uno studente universitario fallito, ancora «oggi Ta-Nehisi era irrequieto» scritto in rosso rossetto. Sentivo di aver avuto una grande fortuna, e di essere miracolosamente circondato da persone che sapevano cose reali sul mondo – giornalisti che avevano scritto reportage su guerre civili ed erano stati evacuati da zone di guerra e conoscevano l'uso corretto di parole come «esiziale» e «settario». Inoltre ero consapevole della mia profonda ignoranza riguardo al mondo oltre i confini degli Stati Uniti, e provavo una profonda vergogna.

Ma i timbri sul passaporto e un ampio vocabolario non sono garanzia di saggezza e moralità. Accade di vedere il mondo e non le persone che lo abitano. Gli imperi vengono fondati da viaggiatori, ed è tipico che rivendichino il monopolio della conoscenza riguardo agli indigeni. Avevo sempre immaginato i risarcimenti come un rifiuto delle spogliazioni in generale. E nella memoria moderna chi aveva subito spogliazioni piú delle vittime dell'Olocausto? Ma il modello a cui mi ispiravo non prevedeva risarcimenti da un impero genocida alle sue vittime ebree, ma da quell'impero a uno Stato ebraico. E ora i miei giovani occhi vedevano che quello Stato era un mondo dove la segregazione e la diseguaglianza erano vive e vegete, dove lo Stato di diritto consisteva nella scheda elettorale per qualcuno e la pallottola per qualcun altro. Stavo cercando un mondo al di là della spogliazione, ma la prova di fattibilità a cui mi ero ispirato aveva prodotto solo ulteriori spogliazioni.

A metà del mio viaggio, ho fatto insieme al mio gruppo di scrittori un'escursione su una collina poco fuori Ramallah. Il sole picchiava sopra di noi mentre da sotto ci aggredivano i rovi. Ma per quanto la natura fosse aggressiva, ero sollevato dal trovarmi oltre le mura, le restrizioni e gli stratagemmi degli esseri umani. La nostra destinazione era Sakiya – un ecovillaggio dove un collettivo palestinese stava reimmaginando la propria relazione con quella preziosa terra che certe forze sembravano decise a strappargli da sotto i piedi. Ed è davvero preziosa: due delle case sono state costruite rispettivamente nel periodo ottomano e in quello del mandato britannico, e c'è un santuario risalente al dodicesimo secolo. Nel 1937 Daoud Zalatimo, artista e pedagogista palestinese, comprò il sito da una famiglia di agricoltori. Ogni estate Zalatimo trascorreva tre mesi lí con la famiglia, traendo ispirazione dal panorama. In uno dei suoi quadri si vede suo figlio Ibrahim, bambino, seduto su una macchina giocattolo rossa; ha un'espressione placida, e sullo sfondo si intravede il giardino verdeggiante. Contemplando quell'opera, lo storico dell'arte John Halaka si chiedeva: «Perché questo dipinto senza pretese mi assilla come se fosse un fantasma?» Nel 1948, mentre i palestinesi venivano scacciati dalle loro terre, Zalatimo si rifugiò con la famiglia nella sua tenuta. E poi, nel 1967, anche lui fu scacciato dalle forze israeliane. A lui e alla sua famiglia fu impedito di ritornarci, se non per qualche visita in giornata. Zalatimo morí nel 2001.

La nostra guida attraverso la storia e il paesaggio del luogo era Sahar Qawasmi, architetta e co-fondatrice di Sakiya insieme al suo partner, il regista Nida Sinnokrot. Sahar è nata in Kuwait, ma la sua famiglia viene dalla Palestina:

Ramallah, Hebron, Giordania. Durante la seconda intifada, mentre i palestinesi lottavano contro l'occupazione israeliana e città come Hebron erano diventate zone di guerra, l'Idf aveva espanso la sua rete di posti di blocco e imposto il coprifuoco. Sentendosi imprigionata, Sahar, che all'epoca studiava alla vicina università di Birzeit, cominciò a esplorare con alcuni amici le colline intorno a Ramallah. Nel corso di una di quelle camminate, si imbatté nella tenuta di Zalatimo, che dal 1967 non era piú abitata, sebbene fosse ancora di proprietà della famiglia. C'era spazzatura ovunque. Tutto era stato vandalizzato da persone in cerca di oggetti di valore. La natura aveva ripreso possesso dei luoghi e c'erano alberi che crescevano dal pavimento. Tuttavia c'era «qualcosa di magico», mi ha detto Sahar. Forse perché la casa era costruita su una collina che dominava la valle. Forse perché non ci si poteva arrivare in macchina, e quindi ogni viaggio fin lí era una sorta di pellegrinaggio. Forse semplicemente per l'antichità del sito – c'erano tracce archeologiche dell'epoca delle crociate, dei romani e dei cananei. O forse perché c'era l'acqua – una sorgente ancora nella sua forma tradizionale. Qualunque fosse il motivo, quel luogo trasmise a Sahar un senso di «sacralità». Nel 2016 lei e Nida fondarono Sakiya, e da allora cercano di preservare quella sacralità.

Lo sforzo richiesto era incessante. Ci siamo fermati a metà della salita per ammirare un corbezzolo greco, le grandi fronde rossastre che si ramificavano come le teste di un'idra. Era magnifico, e per un momento siamo rimasti a contemplare in silenzio quella bellezza. Poi Sahar ci ha fatto notare i caratteri incisi nel tronco, il biglietto da visita di una locale milizia israeliana. Sahar ci ha spiegato che quei miliziani passavano da lí quando gli pareva, vandalizzando la terra che consideravano donata loro da Dio. Una notte Sahar e Nida erano stati svegliati da alcuni rumori. Avevano pensato che si trattasse di un gruppo di ragazzini, ma poi i rumori si erano fatti piú forti, e allora erano usciti e avevano visto che la casa era circondata da una ventina di coloni. Vedendo Nida, i coloni erano scappati, ma ormai il danno era fatto: attrezzi rubati, un forno distrutto, i pesci uccisi. Quando ho chiesto a Sahar come facevano lei e Nida a vivere con quella costante minaccia alla loro proprietà e alla loro incolumità, lei mi ha detto:

> È una vita precaria. Allo stesso tempo, c'è una forte volontà di restare e continuare a lavorare. Ci sono comunità i cui villaggi vengono distrutti ottanta volte, e gli abitanti ci tornano. Diventa parte del modo in cui vivi. È una maniera per sopravvivere. È cosí che si vive in questa terra. Continueremo a tornare, a ricostruire le cose che loro continuano a distruggere.

Abbiamo continuato a camminare fino a completare anche noi il nostro pellegrinaggio raggiungendo la cima della collina. Il cielo era sgombro, con appena qualche nuvoletta vagante. Un gregge di capre ci è passato lentamente davanti, e siamo rimasti a guardare mentre un pastore fissava la sua attenzione su una capra sdraiata a terra. Stava partorendo. Io e i miei colleghi scrittori ci siamo disposti intorno alla capra, a rispettosa distanza, osservando meravigliati il pastore che aiutava a nascere due agnellini impiastricciati della poltiglia giallastra della nuova vita. Ancora un po' attoniti, siamo entrati in uno degli edifici, dove io mi sono allontanato dagli altri mettendomi a gironzolare da solo. Mi sono trovato in una camera dove, a quanto mi hanno detto, a volte vengono ospitati artisti per delle residenze. Mi sono seduto sul divano letto e per dieci minuti ho vissuto una mia personale residenza artistica. Da fuori sentivo il belato delle capre e le conversazioni dei miei compagni.

Ho ripensato alla nostra visita a Lidda, una città all'interno dei confini di Israele dove nel 1948 il nascente Idf massacrò un gruppo di palestinesi, lanciando granate dentro una moschea. La nostra guida, Umar al-Ghubari, aveva sottolineato come la storia di quel massacro contrastasse con l'aura di nobiltà in cui era avvolta la creazione dello Stato di Israele. L'impatto di quella contro-narrazione, del rivendicazionismo palestinese, è diventato evidente una volta raggiunto il luogo del massacro. Ci trovavamo su un'aiuola spartitraffico di fronte alla moschea e la nostra guida raccontava l'accaduto, citando parole degli stessi soldati israeliani. Guardandomi intorno, ho visto un uomo israeliano con gli occhiali scuri che si era piazzato accanto al nostro gruppetto. Che fosse israeliano l'avevo capito solo da come fissava in cagnesco la nostra guida che ci spiegava la storia di quei luoghi. Sulle prime ho avuto quella stessa reazione un po' scioccata che mi coglie in patria quando chi detiene il potere reagisce alle parole con la violenza. Sembrava assurdo. Umar non aveva coltelli o armi da fuoco. E si trovava in un territorio sotto il saldo dominio di Israele. Eppure rappresentava una minaccia – la minaccia del narratore che attraverso le parole mina le pretese dei potenti.

Scrive Edward Said:

> Ogni singolo impero nel suo discorso ufficiale ha detto di non essere come tutti gli altri, che le sue circostanze sono speciali, che ha la missione di illuminare, civilizzare, portare ordine e democrazia, e che usa la forza solo come ultima risorsa. E, cosa ancora piú triste, c'è sempre un coro di intellettuali disposti a dire parole rassicuranti su imperi benigni o altruistici, come se non ci si dovesse fidare dell'evidenza dei propri occhi che osservano la distruzione, la miseria e la morte portate dalla piú recente missione civilizzatrice.

Pochi giorni dopo l'uscita di *Un conto ancora aperto* cominciai a realizzare di aver commesso un errore. Ma ci sono voluti anni per comprenderne tutta la portata, e di conseguenza il debito che anch'io avevo da saldare. Lí in cima a quella collina ho capito senza il minimo dubbio che l'errore consisteva in qualcosa di molto piú profondo dell'aver scelto il modello sbagliato. La mia richiesta di risarcimenti si fondava su una catena di rivendicazioni che andava molto indietro nel tempo, arrivando, attraverso James Forman, Queen Mother Moore e Callie House, fino a Belinda Royall, alle origini stesse degli Stati Uniti. In questo senso, la richiesta non partiva da me; era ancestrale. E il suo bersaglio era una delle invenzioni piú malefiche del mondo: la schiavitú razzializzata e tutto ciò che ne era conseguito. Per me gli antenati sono importanti – per me continuano a vivere, non come fantasmi ma attraverso le parole. Molto spesso, prima di sedermi a scrivere, rileggo le loro parole: ricordi della schiavitú, lettere di uomini liberati, autobiografie, poesie. Leggo le parole ad alta voce, come un incantesimo: «Caro Dangerfield, non puoi immaginare quanto desidero vederti. Vieni piú presto che puoi…» «Avevo il costante terrore che Mrs Moore, la sua padrona, si trovasse a corto di soldi e vendesse la mia cara moglie…» «Preferirei di gran lunga che ti sposassi con un brav'uomo, perché ogni volta che ricevo una tua lettera mi strazia in mille pezzi…» E provo una porzione di quello che hanno provato loro – una porzione del loro amore, della loro rabbia, speranza, angoscia – e quella porzione è la forza che cerco di infondere a quello che scrivo. Non sono solo. Appartengo a una tradizione.

Per tutta quella settimana ho ascoltato palestinesi che evocavano quella tradizione, che evocavano James Baldwin, Amiri Baraka o Angela Davis spiegando come quelle figure di scrittori o attivisti avessero rivelato loro qualcosa della loro stessa lotta. E poi ogni sera gli ospiti del festival si riunivano per un reading o una discussione con scrittori e intellettuali del posto. Una sera ero nel pubblico e sono rimasto scioccato sentendo la scrittrice palestinese Bekriah Mawasi citare un passo di uno dei miei libri. In quel momento ho sentito il calore della solidarietà fra «popoli assoggettati», come diceva uno dei miei compagni, che si ritrovavano al di là di un oceano e di un grande divario di esperienze. Ma per quanto sentissi quel calore, mi rendevo conto che nell'incontrarsi al di là di quel divario una delle due parti aveva fatto il passo piú lungo dell'altra. Io sono uno scrittore e il portatore di una tradizione, uno scrittore e un rappresentante. E sedendo su quel divano in cima a quella collina, in residenza con me stesso, ho sentito che, se la mia scrittura era decollata, la mia capacità di amministrare quella tradizione era rimasta indietro.

L'indomani mattina mi sono allontanato dal festival per andare da Ramallah a Gerusalemme. Ho dovuto aspettare per circa un'ora un taxi con la targa del colore giusto, il giallo, perché mi fosse concesso attraversare un posto di blocco nel muro di Israele e imboccare dall'altro lato la strada per Gerusalemme. Ho scambiato due parole col tassista e poi mi sono ritirato nei miei pensieri sul viaggio fino a quel punto. Era il mio sesto giorno in Palestina, ma mi sembrava di essere lí da mesi. Le giornate erano occupate da visite, le serate da dibattiti – perfino i pasti sembravano seminari. Un po' dipendeva dal fatto di essere da qualche parte all'estero, lontano da casa. Ma soprattutto dipendeva dalla specificità di quel luogo – da come sembrava incarnare l'Occidente e le sue contraddizioni, le sue pretese di democraticità, il suo fondarsi sullo sfruttamento. Di tutti i mondi che ho esplorato, nessuno mi ha mai colpito in modo cosí abbagliante, cosí intenso, cosí immediato come la Palestina.

Ma quando la luce si è affievolita avevo occhi nuovi, e vedevo in modi diversi le mie stesse parole, e le parole da cui erano state influenzate: gli articoli, gli editoriali, i discorsi e i dibattiti degli «intellettuali ben disposti». Tutto sembrava cosí ovvio. Ora notavo una simmetria nelle frasi fatte: chi sosteneva che Israele fosse l'unica democrazia del Medio Oriente tendeva anche a sostenere che gli Stati Uniti fossero la piú antica democrazia del mondo. Ed entrambe queste pretese si fondavano sull'esclusione di interi settori della popolazione sottoposta all'autorità dello Stato. Mentre andavo in taxi verso Gerusalemme, questa verità mi sembrava innegabile. Avevo passato la maggior parte del tempo nei territori occupati, un mondo in cui a governare era la minoranza. Ma anche nello Stato propriamente detto era in vigore un sistema castale. I palestinesi che abitano in Israele hanno un'aspettativa di vita piú breve, sono piú poveri e risiedono in quartieri piú violenti. In Israele ad alcuni quartieri è concesso discriminare legalmente i cittadini palestinesi istituendo «comitati di ammissione». Questi comitati, che operano nel 41 per cento delle località israeliane, hanno la facoltà di escludere chiunque ritengano «socialmente inadatto» o «incompatibile col tessuto sociale e culturale». Gli appelli apertamente razzisti sono la norma, come quando nel 2015 Benjamin Netanyahu ha avvertito che «il governo di destra è in pericolo. Gli elettori arabi stanno andando a votare in massa». Per quanto io sostenga di essermi lasciato gabbare dalla retorica della «democrazia ebraica», tutto è sempre stato esplicito. Quell'espressione significa esattamente quello che dice: una democrazia per il popolo ebraico e solo per il popolo ebraico.

Se il linguaggio che avevo sentito usare durante tutta la mia vita professionale era scorretto, addirittura fuorviante, allora qual era il linguaggio adatto a descrivere quello che adesso vedevo? La prima cosa che mi veniva in mente era «Jim Crow», se non altro perché «Jim Crow» è un'espressione che indica un'ingiustizia, una discriminazione fra esseri umani, il privare in modo arbitrario un popolo dei suoi diritti. E certo, in parte quello che avevo visto a Hebron, Gerusalemme e Lidda poteva essere definito cosí.

Ma se mi veniva in mente «Jim Crow» non era solo per ciò che quell'espressione significava, ma anche per la sensazione che mi trasmetteva. Dico le parole «Jim Crow» e vedo una bara aperta, e dentro un bambino ammazzato di botte. Dico «Jim Crow» e vedo la bandiera della schiavitú che sventola sopra la sede dell'assemblea legislativa di uno Stato. Dico «Jim Crow» e vedo uomini su un balcone del Lorraine Motel che indicano il punto da cui è partito lo sparo. Dico «Jim Crow» e Malcolm X, il rosso di Detroit, si rivolge a me chiedendomi: «Chi ti ha insegnato a odiare?» Dico «Jim Crow» e sento «tassa elettorale», «zonizzazione», «clausola di salvaguardia», «solo per bianchi», e ognuna di quelle espressioni evoca altre immagini. Ma «Jim Crow» era il linguaggio dell'analogia, della traduzione, non la cosa in sé. E la mia missione in Palestina consisteva soprattutto nel tentativo di piantare nuove radici, di descrivere questo nuovo mondo non come un satellite del mio vecchio mondo ma come un mondo a sé.

Mi sono fermato a Gerusalemme solo il tempo necessario per il check-in in albergo. Mi ero concesso una stanza molto carina – con lenzuola soffici e una vasca da bagno. Avrei pagato per quel lusso. Ma non ancora. Mi restavano altri cinque giorni all'estero, e mentre i primi cinque li avevo trascorsi insieme a compagni che avevano avuto anche loro le proprie rivelazioni, adesso ero solo. Una parte di me avrebbe fatto qualunque cosa per tornare a casa. Quella parte la conoscevo bene: era la parte che ha sempre da mugugnare per le fatiche della ricerca sul campo, l'imbarazzo di porre domande intime a sconosciuti, la disciplina dell'ascoltare con attenzione. Quella voce è solo nella mia testa – ma in Palestina la sentivo piú forte. Le giornate erano piú lunghe e le rivelazioni piú sconvolgenti. Ricordo di aver percorso a Hebron una strada in discesa fino a raggiungere un'imponente recinzione metallica con un tornello. Sopra il tornello c'era un dispositivo grande come una scatola da scarpe da cui sporgeva un tubo. Sembrava una telecamera. Invece era una torretta concepita per individuare e immobilizzare un obiettivo usando proiettili «non letali» sparati con un telecomando. Su un lato c'era scritto il nome del dispositivo: «Smart Shooter». Quella era l'avanguardia dell'oppressione – i primi passi verso il dominio imperiale automatizzato – e non c'era da illudersi che quegli esperimenti pionieristici sarebbero rimasti confinati alla Palestina. A quella vista avevo provato un moto di disperazione.

Ero via per dieci giorni, dieci giorni in quella Terra Santa di filo spinato, coloni e armi oltraggiose. E ogni giorno da quando ero lí avevo avuto un momento di profonda disperazione. Avrei davvero voluto distogliere lo sguardo, tornare a casa e borbottare qualche parola in privato su quel che avevo visto. E forse, se fosse dipeso solo da me, se avessi dovuto rendere conto solo a me stesso, lo avrei fatto. Ma sono uno scrittore, e un portatore. Sono uno scrittore e un rappresentante. Non sono solo, e non mi riferisco solo agli antenati, ma alle persone che incontravo ogni giorno, sottoposte agli arbitri del regime israeliano.

E poi non avevo ancora finito. Sono sceso con l'ascensore nella hall, dove ho trovato ad attendermi Avner Gvaryahu, che guida Breaking the Silence, un gruppo di ex soldati dell'Idf che ora si oppongono all'occupazione. Siamo usciti, e davanti all'albergo ci aspettava un vecchio pick-up. L'autista, Guy Butavia, aveva un berretto da baseball e occhiali spessi. Ci siamo salutati, poi sono salito a bordo e siamo partiti.

I miei accompagnatori erano entrambi israeliani – come lo sarebbero state quasi tutte le mie guide nella seconda parte del viaggio. Era una decisione consapevole. Ma non si trattava della vacua intenzione di «ascoltare entrambe le parti». Non avevo alcun interesse a sentir difendere l'occupazione e quello che mi sembrava un sistema segregazionista. I giornalisti sostengono di ascoltare «entrambe le parti» come se esistesse un'opposizione binaria stabilita da un dio imparziale. Ma a svolgere il ruolo di dio sono i giornalisti – sono i giornalisti a decidere quali parti sono legittimate a parlare e quali no, quali opinioni possono essere prese in considerazione e quali devono essere escluse dal quadro. E questo potere è collegato a quello di altre figure chiave dell'industria culturale – direttori di reti televisive, produttori, editori – il cui compito essenziale consiste nel decidere quali storie vengano raccontate e quali no. Quando vieni estromesso dalla discussione ed espunto dalla narrazione, non esisti. Perciò nel loro insieme queste figure chiave non si limitano a stabilire le tempistiche e fornire le autorizzazioni, ma stabiliscono e monitorano un criterio di umanità. Senza tale criterio non ci sarebbe alcun potere oppressivo, perché la prima necessità di razzismo, sessismo, omofobia è determinare chi è umano e chi non lo è. Ma c'è uno spazio oltre queste categorie. Per me è il mondo della rivista «Emerge» e della trasmissione televisiva *Evening Exchange*, dei barbieri e degli Afro di Baltimora, una terra dove *L'ultimo drago* è un classico film per adolescenti e i sandwich di pesce fritto sono patrimonio nazionale. Quello che ho sempre voluto è espandere la cornice dell'umanità, sovvertire le categorizzazioni delle immagini e delle idee. E cosí, nel pensare al mio viaggio, nello schierarmi sul campo, la mia cornice escludeva qualunque difesa di ciò che era palesemente immorale. E sarei piú disposto ad ascoltare una difesa del cannibalismo che un qualunque discorso a favore di quello che ho visto coi miei occhi a Hebron.

Dall'albergo abbiamo raggiunto la Route 60, la cosiddetta «Via dei Patriarchi», un'antica strada che si dice sia stata percorsa dai profeti biblici, e l'abbiamo imboccata in direzione sud, verso Hebron. Per la maggior parte del tragitto Guy è rimasto in silenzio mentre Avner raccontava il periodo trascorso nell'Idf a difendere l'occupazione. Ormai sentire quella parola – *occupazione* – mi faceva lo stesso effetto del sentire un uomo di mezza età che parla di «procedura medica» per dire «colonscopia». Un termine cosí asettico non mi sembrava adatto alla costante minaccia della violenza, alle storie che avevo sentito fino ad allora. Ma Avner non si rifugiava dietro gli eufemismi, e piú che dell'«occupazione» parlava dei suoi strumenti: arresti, posti di blocco, dossier dei servizi segreti, irruzioni nelle case.

Mi ha detto:

> Nei territori occupati ogni casa ha un numero. Il numero ti fornisce alcune informazioni di base sulle persone all'interno della casa. Se le persone all'interno della casa sono in qualche modo implicate in una forma di resistenza, se qualcuno della famiglia è finito in prigione, se qualcuno è su una lista nera, allora è una ca-

sa che *non devi prendere*, perché metteresti a repentaglio le vite dei soldati. Quindi entri nelle case di persone che sai già che sono innocenti. Non che noi definissimo mai i palestinesi «innocenti». Erano «coinvolti» oppure «non coinvolti», perché nessuno è considerato «innocente».

Entri nella casa di quella famiglia e in pratica la usi come avamposto militare. Sei in alto, sei protetto, ma sei anche un occhio dal cielo per i soldati sul terreno. Non c'è privacy. Ovviamente non c'è alcun mandato. Non hai bisogno di dare un preavviso. Non telefoni per avvertire. Non mandi una mail. Fai irruzione e di solito ammanetti e bendi il capofamiglia. Se c'è un adolescente che ti guarda nel modo sbagliato o uno zio abbastanza grosso da costituire una minaccia, fai lo stesso anche con loro. [...] Stacchi i telefoni, chiudi le tende, in modo che gli abitanti della casa non dicano a nessuno che sei lí, e loro se ne stanno seduti a testa bassa, terrorizzati, pietrificati.

Mi sembrava una scena da film dell'orrore: una famiglia presa in ostaggio non per chiedere un riscatto ma come sfoggio del tipo di predominio essenziale per il regime israeliano. Quando la soluzione a due Stati sembrava a portata di mano, l'idea era che Gaza, Gerusalemme Est e la Cisgiordania sarebbero state le basi territoriali di uno Stato palestinese. In seguito la Cisgiordania venne divisa in tre zone: l'Area A, dove i palestinesi avevano la giurisdizione civile e assicuravano il rispetto della legge; l'Area B, che avrebbe dovuto essere governata in modo congiunto; e l'Area C, che sarebbe rimasta sotto il controllo israeliano. Detta cosí sembra abbastanza ragionevole, ma l'idea non regge a una verifica sulla mappa. L'Area A ospita la maggior parte della popolazione della Cisgiordania, ma di fatto è un arcipelago, pieno di centri urbani e villaggi densamente popolati, e piú che alla base territoriale di uno Stato somiglia a una macchia di Rorschach. L'Area B è minuscola e si trova per lo piú nei circondari delle città. L'Area C, dove il potere di Israele è assoluto, costituisce l'unica zona unitaria, che contiene la maggior parte del territorio, compresa la valle del Giordano, ricca di risorse minerarie. Ma queste distinzioni sono piú che altro una questione di sfumature, perché di fatto la Cisgiordania è occupata, il che significa che Israele esercita la sua volontà ovunque voglia.

Gli strumenti di controllo sono molteplici: droni e torrette di osservazione sorvegliano dall'alto; terrapieni e trincee ostruiscono le strade in basso. Cancelli sbarrano il passaggio. Posti di blocco ispezionano i passanti. Non c'è nulla di prevedibile. Una strada che fino a ieri era aperta adesso è all'improvviso intralciata da un «posto di blocco volante», un cancello mobile e una squadra di soldati che chiedono permessi e documenti. Ma la casualità è deliberata. Il punto è far percepire costantemente ai palestinesi il pugno di ferro dell'occupazione, in Israele, a Gerusalemme Est, nell'Area A, B o C. – Non si tratta di «noi siamo qui e voi siete lí», – mi ha spiegato Avner, descrivendo la relazione fra l'Idf e i palestinesi in tutte quante le giurisdizioni. – Si tratta di «noi siamo qui e siamo anche lí».

In questo modo un popolo viene spezzettato, e i consueti legami comunitari si erodono. Il cugino che una volta abitava a due passi ora è tagliato fuori. Quella che a memoria d'uomo era una lunga camminata per andare a corteggiare una potenziale moglie in un altro villaggio si è trasformata in un'impraticabile corsa a ostacoli. E tutto questo si va a sommare alla frammentazione iniziata nel 1948 – la separazione dei palestinesi all'interno di Israele da quelli a Gerusalemme Est, e di quelli a Gerusalemme Est da quelli in Cisgiordania, e di quelli in Cisgiordania da quelli a Gaza, e di quelli a Gaza dal mondo intero.

Mi ha detto:

> Ricordo una missione a cui ho partecipato: entrare, prendere il controllo, la solita procedura. Siamo alla finestra a fare quello che si prevede che facciamo: guardare fuori dalla finestra. E uno dei miei soldati... Ero sergente, quindi uno dei miei soldati mi chiama e dice: «Ehi, ehi. Presto, ho bisogno di aiuto».
>
> E io arrivo e la situazione era questa: il padre, in casa propria, stava cercando di portare la figlia in bagno. E il mio soldato era lí che gli puntava il fucile in faccia, e la figlia se ne stava immobile

fra le gambe del padre, pietrificata. Quando sono arrivato, si era già fatta la pipí addosso.

È stato uno di quei momenti in cui mi sono chiesto: «Che cazzo stiamo facendo? A che serve questa roba?»

Il fatto che io ora scriva tutte queste cose dà l'illusione che abbia capito come quelle informazioni fossero legate le une alle altre: le storie raccontate da Avner, i bizantinismi dell'occupazione, le frasi fatte, gli articoli. E in effetti in certi momenti tutto sembrava tenersi. A volte passavamo da un posto di blocco e io guardavo fuori dal finestrino e restavo scioccato vedendo un giovane militare col fucile puntato verso la strada, ovvero verso di me. Appena lo vedevo, cercavo una buona ragione, una giustificazione, ma a un certo punto ho cominciato a capire che non ce n'era mai una. Anche mentre ascoltavo parlare Avner, anche mentre sfrecciavamo senza alcun impedimento lungo strade che i palestinesi in Cisgiordania non possono percorrere, una parte di me continuava a cercare una risposta. Lo facevo perché il peso del male è troppo grande. Lo facevo perché, se l'ipotesi peggiore era quella giusta, se ero costretto a vedere le cose come di fatto stavano, allora sapevo cosa dovevo aspettarmi. Lo facevo perché una «buona ragione» è anche una via d'uscita. La debolezza in me si fa sempre sentire. Ma anche i miei antenati.

Siamo usciti dalla Route 60 a uno svincolo per l'insediamento israeliano di Kiryat Arba. Una guardia che sembrava di origini estremorientali ci ha trattenuti per un momento al posto di blocco. Avner gli ha mostrato la sua carta di identità e hanno parlato in ebraico; poi la guardia ci ha lasciati entrare. Guy ha parcheggiato e io ho seguito Avner nel parco Kahane – un giardinetto che prende nome da Meir Kahane, il suprematista ebraico leader del movimento kahanista (nonché deputato alla Knesset) che sosteneva la definitiva annessione della Cisgiordania e di Gaza e la riduzione in schiavitú dei palestinesi. Il partito politico di Kahane fu messo fuorilegge dal governo nel 1985, e lui fu assassinato a New York nel 1990, ma il suo testimone fu raccolto dal suo discepolo Baruch Goldstein. Quattro anni dopo la morte di Kahane, Goldstein entrò nella moschea Ibrahimi a Hebron e uccise ventinove musulmani in preghiera. Nel parco ci siamo fermati a guardare un piccolo monumento cilindrico in memoria di Kahane, poi abbiamo fatto ancora qualche passo fino a una grossa lapide che sporgeva leggermente dal terreno. Era la tomba di Baruch Goldstein, e sopra c'erano una ventina di sassolini. Avner mi ha spiegato che quella tomba è un luogo di pellegrinaggio, visitato da chi considera Goldstein un martire. Ufficialmente Kahane e Goldstein erano entrambi paria – Kahane era stato assassinato a Manhattan, e il massacro commesso da Goldstein era stato condannato dal governo israeliano. Ma quali che siano le posizioni ufficiali, resta il fatto che mi trovavo in un parco che prendeva il nome da Kahane, dove lui e il suo accolito, autore di una strage, venivano commemorati, un parco all'interno di un insediamento autorizzato e finanziato dallo stesso Stato che sostiene di deplorarne l'esistenza.

A un certo punto Goldstein era stato fermato dai palestinesi raccolti in preghiera, che l'avevano disarmato e linciato. In seguito alle proteste scoppiate in città, Israele aveva segregato le strade di Hebron e imposto il coprifuoco ai residenti palestinesi, e ancora oggi l'eredità di quelle misure restrittive si fa sentire. Camminando per le strade di Hebron, vedendo i negozi con le serrande abbassate e i soldati che pattugliavano le strade, era difficile non provare la sensazione che Goldstein avesse vinto. E quella stessa sensazione l'avevo sentita in tutta la Cisgiordania, dove il ritmo della colonizzazione e degli insediamenti era aumentato, non diminuito, dopo il massacro del 1994. Nel 1993, quando erano stati firmati gli accordi di pace di Oslo, i coloni erano centoundicimila. Oggi sono mezzo milione.

Goldstein e la conseguente reazione israeliana ai disordini palestinesi a Hebron sono sintomi di una scomoda realtà: questa presunta «democrazia ebraica» è, al pari di quella statunitense che la sponsorizza, una potenza espansionista. Come disse una volta Levi Eshkol, primo ministro di Israele negli anni Sessanta, il sionismo vuole «la dote, non la sposa» – vale a dire, la terra senza i palestinesi. E ogni potenza espansionista ha bisogno di una buona storia per giustificare i propri saccheggi.

Per quanto la mia mente collegasse l'oppressione israeliana e la segregazione statunitense, la versione adottata da Israele non ricorreva al linguaggio di Jim Crow ma al gergo dell'espansionismo liberale, con le sue descrizioni di indigeni barbari e le sue promesse di grandi miglioramenti portati ai selvaggi da chi era meglio di loro. Il padre del sionismo, Theodor Herzl, aveva in un primo momento preso in considerazione l'opzione dell'Argentina, ritenendo che quella nazione «dotata di enormi distese» e «scarsa popolazione» sarebbe stata «molto interessata a cederci una parte del suo territorio». Quando invece optò per la Palestina, definí i palestinesi – scrive lo storico Benny Morris – «parte del paesaggio». E il paesaggio era selvatico: «In favore dell'Europa costruiremmo là una parte del vallo per difenderci dall'Asia, – scriveva Herzl nel suo manifesto del 1896 *Lo stato ebraico*, – costituendo cosí un avamposto della civiltà contro la barbarie».

Un anno prima, Herzl aveva scritto sul suo diario che in fin dei conti il sionismo avrebbe rappresentato un beneficio per coloro le cui terre sarebbero state occupate; inoltre, era «scontato» che coloro che avrebbero cercato di innalzare lo stendardo della civiltà avrebbero «rispettosamente tollerato persone di altre fedi e protetto le loro proprietà, il loro onore e la loro libertà». Queste tutele avrebbero costituito «uno splendido esempio per il mondo intero». Ma questo spirito di benevolenza era contraddetto dalla linea di condotta che Herzl proponeva in quella stessa pagina di diario:

> Dobbiamo espropriare con gentilezza le proprietà private sui terreni assegnatici. Cercare di indurre chi è privo di mezzi a passare la frontiera procurandogli un impiego nei paesi limitrofi, evitando al contempo di dargliene nel nostro. I proprietari passeranno dalla nostra parte. Tanto l'esproprio quanto il trasferimento degli indigenti devono essere compiuti con prudenza e discrezione.

Gli scritti di Herzl rientrano bene in quello che Said definisce il «discorso ufficiale» dell'impero, in cui espropri ed espulsioni vengono presentati come esempi di altruismo e tolleranza. Herzl morí nel 1904, ma a quel punto quello che lui chiamava «un sogno colossale» aveva assunto una forza che prescindeva da lui. E alcuni dei suoi seguaci piú influenti ritennero opportuno accantonare il vocabolario della conquista liberale e mettere le carte in tavola. Nel saggio del 1923 *Il muro di ferro*, il teorico sionista Ze'ev Jabotinskij scriveva che il «colonizzatore ebreo» secondo cui «la razza araba» avrebbe dato di sua volontà «il consenso per la realizzazione degli scopi del sionismo» rivelava una «spregevole condiscendenza». Meglio dire le cose come stavano:

> Ogni lettore ha qualche nozione della storia della colonizzazione di altri paesi. Per questo gli suggerisco di rammentarsi di tutti gli esempi che conosce e cercare di trovarvi un solo caso di paese in cui questa colonizzazione sia avvenuta con il consenso della popolazione autoctona.

Va notato l'uso del termine «colonizzazione» da parte di Jabotinskij. Gli odierni sionisti respingono inorriditi qualunque collegamento fra la loro ideologia e il colonialismo, poiché ritengono che la «Terra di Israele» sia la loro patria, e nessun popolo può colonizzare la sua stessa patria.

Questa presa di posizione rivela, come minimo, una profonda ignoranza della storia dello Stato che piú sostiene Israele. Nel 1816 un gruppo di bianchi appartenenti all'élite decise che, per risolvere il problema della popolazione Nera, la pulizia etnica fosse una soluzione preferibile allo schiavismo. L'American Colonization Society venne formata con l'esplicito intento di rispedire il maggior numero di Neri possibile nella loro patria, l'Africa. L'American Colonization Society ottenne un certo sostegno all'interno delle comunità Nere, terrorizzate dai razzisti bianchi tanto quanto in Europa gli ebrei erano terrorizzati dagli antisemiti. E cosí come i sionisti erano convinti di portare in Palestina la manna della «civiltà», anche i coloni americani Neri credevano che avrebbero fatto lo stesso in Africa. Cosí nacque la Liberia, che per la maggior parte della sua storia sarebbe stata tormentata dal suo passato coloniale.

Quanto a un sionismo «anticoloniale», se anche esistesse lascerebbe interdetti i fondatori di quell'ideologia. «La terra dei nostri padri ci aspetta; lasciatecela colonizzare, – scrisse nel 1880 Eliezer Ben Yehuda, linguista e padrino dell'ebraico moderno. – E, diventandone padroni, saremo di nuovo un popolo come tutti gli altri». Ed essere padroni della terra significava averne il controllo economico. Nel 1906 il sionista Ber Borochov spingeva gli ebrei ad assumere «la posizione guida nell'economia della nuova terra», cosí che «l'immigrazione ebraica possa essere dirottata verso la colonizzazione di quel paese sottosviluppato». Ed essere padroni significava anche ricorrere alla violenza. Mentre molti sionisti parlavano di un pacifico convergere dei loro obiettivi con quelli dei palestinesi, Jabotinskij non si concesse mai simili eufemismi:

> Questo non è accaduto da nessuna parte. Gli abitanti autoctoni di un paese (che siano civilizzati o selvaggi, è indifferente) hanno sempre combattuto con accanimento i colonizzatori, civilizzati o selvaggi che fossero.

Ma la «popolazione indigena» *era* selvaggia, e Jabotinskij faceva una netta distinzione fra i colonizzatori ebrei e gli arabi che sarebbero stati colonizzati. «Dal punto di vista culturale sono cinquecento anni piú indietro di noi, – scriveva. – Non hanno né la nostra tenacia né la nostra volontà». Per quanto considerassero la Palestina la loro legittima madrepatria, i primi sionisti non si sarebbero mai definiti «indigeni». Nel discorso coloniale gli indigeni erano selvaggi incapaci di apportare migliorie alla terra e quindi privi di diritti su di essa. Nel 1943, mentre i gruppi terroristi sionisti guidavano una rivolta contro il regime britannico, il loro comandante Menachem Begin, futuro primo ministro di Israele, venne a sapere che uno dei suoi soldati era stato fustigato dai britannici. «Gli ebrei non sono Zulu, – scrisse. – Non frusterete gli ebrei nella loro patria».

La visione di Begin – che distingueva fra i redentori ebrei e gli indigeni incivili – era condivisa dall'Occidente. Nel 1946 britannici e statunitensi nominarono congiuntamente una «commissione d'inchiesta anglo-americana» per decidere sul destino della Palestina mandataria, nonché dei suoi seicentomila ebrei e un milione e centomila non ebrei. Parlando di Giaffa, i delegati descrivevano «un villaggio arabo cresciuto a dismisura» pieno di «squallore e malattia» e abitato da «una popolazione sconfitta dalla vita». Mentre parlando dell'ebraica Tel Aviv si meravigliavano di aver trovato una «comunità assolutamente civile», con «viali alberati, teatri di prosa e di opera lirica, scuole moderne con bei cortili, autobus e palazzine di appartamenti». Il sionismo avrebbe liberato la razza araba «dal velo, dal fez, dall'infermità, dalla sporcizia, dalla mancanza di istruzione».

Questa narrazione di una Palestina barbara afflitta dalla sporcizia e dal caos in contrasto con un Occidente apparentemente lindo e ordinato è ancora onnipresente. Nel 2013 il giornalista israeliano Ari Shavit ha pubblicato il bestseller *La mia terra promessa*, un'apologia del sionismo in cui ripercorre il viaggio del suo bisnonno nella Palestina mandataria del 1897. Nella ricostruzione di Shavit, il suo avo giunge nel «caos della Giaffa araba». È una città piena di squallore, di «carcasse di animali, pesce maleodorante e verdure marce», di donne dagli «occhi malati», dove bisogna affrontare «il traffico, il rumore, la sporcizia». E Giaffa non è un caso unico. A Gerusalemme il bisnonno si trova di fronte «le miserie dell'Oriente: viuzze buie e tortuose, sudicie botteghe, masse affamate».

Si tratta di un resoconto sorprendente, se non altro perché il bisnonno di Shavit arrivava da Londra, una città cosí notoriamente sporca da essere soprannominata «il Grande Fumo».

Nel suo libro *Dirty Old London*, Lee Jackson descrive cosí la città:

> Le principali arterie erano inondate di fango, composto principalmente di sterco di cavallo, che formava una melma tenacemente appiccicosa; l'aria era costellata di fuliggine, batuffoli di sporcizia ruzzolavano a terra «in nere gragnuole plutoniane». La peculiare puzza della città era altrettanto sgradevole. Le brume invernali erano gravide di mefitici fetori solforosi. E anche i mesi estivi creavano un proprio ripugnante miscuglio, «in cui si mescolavano le puzze di frutta e verdura putrefatta, uova marce, tabacco fetido, birra versata, grasso rancido, fuliggine secca, fumo, manto stradale triturato e paglia umida». Londra era il cuore del piú grande impero mai conosciuto, uno dei principali centri della finanza e del commercio globali, ma era anche famigeratamente sporca.

Jackson attribuisce le condizioni igieniche di Londra a un problema strutturale: fra il 1801 e il 1901 la popolazione della città passò da uno a sei milioni di persone. Invece nel resoconto di Shavit la situazione igienica di Giaffa è attribuita alla *gente che la abita*.

I delegati della commissione d'inchiesta anglo-americana consideravano il sionismo «l'inevitabile cedere il passo di un popolo arretrato davanti a un popolo piú moderno ed efficiente». E soprattutto lo vedevano alla luce di un episodio formativo della loro stessa storia: la «conquista degli indiani». I sionisti e i loro alleati concordavano. Jabotinskij riteneva che la razza araba fosse legata alla Palestina «dallo stesso amore istintivo e dallo stesso desiderio di possesso degli Aztechi per il loro Messico o dei Sioux per le loro praterie». Inveendo contro il regime britannico nella Palestina mandataria, il progressista Henry Wallace scriveva che i britannici stavano «fomentando gli arabi» cosí come avevano «fomentato gli Irochesi perché combattessero contro i coloni americani».

L'idea che un sionismo colonialista esista solo nelle allucinazioni di professori sinistrorsi e negli slogan dei loro studenti fuorviati non prende in considerazione una fonte cruciale: le parole degli stessi sionisti. Ma Herzl, Jabotinskij e Ben Yehuda appartenevano a un'epoca in cui per l'Occidente era ancora possibile propugnare impunemente l'immagine di un colonialismo benintenzionato. Oggi non è piú cosí. Diciamo «colonialismo» e un colonnello statunitense replica: «Sono venuto a uccidere gli indiani. [...] A ucciderli tutti e fargli lo scalpo, a grandi e piccoli; le lendini diventano pidocchi». Diciamo «colonialismo» e Cecil Rhodes calpesta un intero continente. Diciamo «colonialismo» e un torturatore francese attacca elettrodi alle parti intime di un algerino. Diciamo «colonialismo» e ci si materializzano davanti i coloni di Kiryat Arba, che lodano e ringraziano i massacratori.

E c'è chi in tutto questo non trova nulla di cui vergognarsi. Qualche anno fa feci un tour dei siti della Guerra civile in Tennessee. Visitai Fort Pillow, dove Nathan Bedford Forrest, il fondatore del Ku Klux Klan, aveva massacrato un'unità di soldati Neri. Assistetti alle rievocazioni storiche confederate in tutto il loro fasto. Ascoltai le conferenze dei Sons of Confederate Veterans. Era tutta propaganda, e lo sapevo. Ma non avevo ancora imparato la lezione che poi ho portato con me in Palestina. Non avevo ancora capito che mi era lecito incorniciare le cose a modo mio, come avrei fatto in Palestina, ed escludere dal quadro le stronzate – per quanto espresse in modo cortese, per quanto esposte in modo elegante. E poi una sera, dopo una lunga giornata, mi presentai a cena e vidi un gruppo che sventolava la bandiera confederata. Non so cosa mi prese. Non so perché accadde proprio allora. Ma compresi che quello non era un esempio di *public history*, ma il manifestarsi di una convinzione profonda. Mi scusai e tornai in camera. Ricordo come anche in quel momento non avessi avuto intenzione di fare una scenata né di arrecare alcun disturbo alle persone che mi ospitavano. Ma il giorno dopo fu tutto un gran chiedermi scusa. Avevano capito.

Quando ripenso a quel viaggio, quello che vedo adesso sono diversi gradi di vergogna – conscia e inconscia. A Fort Pillow c'era un filmato che cercava di celebrare al tempo stesso Forrest e i soldati Neri che aveva massacrato. I Sons of Confederate Veterans facevano un gran parlare di un vecchio cimitero di schiavizzati che stavano restaurando. I partecipanti alla rievocazione storica parlavano in termini vaghi della causa per cui avevano combattuto. E dopo aver sfoggiato la bandiera confederata, le persone che mi ospitavano sembravano temere piú che altro di essersi, in quanto bianchi del Sud, mostrati proprio come gli «yankee» si aspettavano, ovvero come degli ignoranti, rozzi e maleducati.

Ma non avevano ragione di preoccuparsi. Ho conosciuto fin troppi «yankee» razzisti e al contempo beneducati. Ed è stato positivo per me vedere come quelle persone si comportavano in mia assenza – come si sentivano a proprio agio con una bandiera che appena qualche anno dopo sarebbe stata rivendicata da Dylann Roof, l'autore della strage di Charleston. A volte si ha la fortuna di vivere un momento in cui ipocrisia, vergogna e buone maniere vengono accantonate, e il male si manifesta con chiarezza. A volte accade in un parco intitolato a un mercante di schiavi del diciannovesimo secolo. E a volte in un insediamento che rende onore a un sostenitore novecentesco di quello stesso sistema. In entrambi i casi, la chiarezza è un dono, e dovremmo prestarle orecchio. In quel memoriale in onore di Meir Kahane e del suo discepolo, il dono consisteva nel fare chiarezza sulle intenzioni piú profonde di Israele.

Insediamenti come Kiryat Arba non sono opera di cani sciolti; un po' come i nostri sobborghi ghettizzati, sono il frutto di un progetto statale. Negli insediamenti, i nuovi acquirenti hanno diritto a mutui a credito agevolato per costruire case su terreni affittati a tasso scontato – uno sconto reso possibile dal fatto che la terra è stata rubata. Anche le fabbriche e le aziende agricole sono sostenute da un analogo sistema di sconti e sovvenzioni. Tutte le infrastrutture – strade, acqua, energia elettrica, sinagoghe pubbliche e mikvah – sono fortemente sovvenzionate dallo Stato. Questa ragnatela di sussidi è un incentivo a colonizzare ulteriormente la terra dei palestinesi, perché un'ulteriore colonizzazione corrisponde a un interesse primario per lo Stato israeliano: erodere qualunque fondamento per un futuro Stato palestinese.

Mentre me ne stavo lí a guardare la tomba di Goldstein pochi giorni dopo aver visitato al-Haram al-Ibrahimi, sentivo intimamente l'orrore del clamoroso atto di violenza che aveva commesso. Ma allo stesso tempo cominciavo a capire che anche quell'insediamento in sé era violento. Quando Israele costruisce insediamenti in Cisgiordania, estende i propri confini oltre gli insediamenti stessi – a volte su terreni agricoli palestinesi. E l'accesso dei palestinesi a quei terreni viene quasi sempre ostacolato, oppure condizionato a un garbuglio burocratico o all'arbitrio delle forze di sicurezza. In qualunque scontro fra palestinesi e coloni, si può star certi che i soldati prenderanno le parti dei coloni. E spesso sono i coloni stessi a commettere violenze usando le armi. – Gli insediamenti svolgono un ruolo politico e strategico nell'appropriazione della terra, – mi ha spiegato Avner. – Immagina un laghetto. Se butti una pietra, nel laghetto si creeranno delle increspature, giusto? Ovunque siano, gli insediamenti creano increspature di violenza. È il modo in cui sono costruiti.

Quello che ora riuscivo a vedere non erano solo personaggi esecrabili o singoli zeloti, ma un intero sistema all'opera. Ho chiesto ad Avner e Guy come riuscissero a conciliare il vivere sotto quel sistema col sionismo a cui dovevano la loro stessa esistenza. Per un momento in auto c'è stato silenzio. Poi per primo ha risposto Avner. Ha detto di credere nell'autodeterminazione per il popolo ebraico, e che ormai le domande su dove quell'autodeterminazione dovesse esercitarsi erano puramente teoriche. – Siamo qui, – ha detto. – La domanda è: può esserci un modo per garantire il diritto all'autodeterminazione sia agli israeliani sia ai palestinesi? Io credo che la risposta sia sí, un modo dev'esserci. Anche perché non esiste alternativa. Però penso che siano derivate cose molto pericolose da questo concetto di nazionalità ebraica, che si è trasformata in superiorità o supremazia ebraica, cose che vanno oltre Kahane o Goldstein. Intendo dire che questa mentalità è profondamente radicata nella società israeliana, nell'ideologia sionista. C'è un desiderio e un bisogno di autodeterminazione. E non credo che questo sia di per sé sbagliato. Penso che a essere di per sé sbagliato sia il fatto che una nazionalità si affermi a spese dell'altra. Il mio tentativo è un po' quello di...

Avner ha lasciato la frase in sospeso. Guy non è andato altrettanto per il sottile. – Per quanto mi riguarda, sono arrivato a considerare la nascita di Israele come un peccato. Credo che non sarebbe dovuto succedere, – ha affermato. Ha parlato di Israele come di «un centro del suprematismo ebraico», e ha detto di non vedere cambiamenti all'orizzonte. – Perciò è una cosa con cui non posso vivere. E penso che, perché qui sia possibile una vita sostenibile, ragionevole, un vero cambiamento sia indispensabile.

Quand'ero giovane sentivo costantemente il peso fisico della razza. Noi avevamo di meno. La nostra vita era piú violenta. E che si trattasse di geni, cultura o volontà divina, ci veniva detto che la colpa era nostra. L'unico strumento – per pochi fortunati – per scampare a quella condanna era la scuola. In seguito sono uscito nel mondo e ho visto l'altra parte, coloro che in teoria, per geni, cultura o volontà divina, avevano di piú, ma – come ho scoperto a poco a poco – capivano di meno. Quelle persone, le persone bianche, vivevano sotto la cappa di una menzogna. E, a un livello piú profondo, soffrivano di quella menzogna. Avevano visto piú di me del mondo – ma non piú umanità. E la cosa piú sconvolgente era come ignorassero la storia del proprio paese, e di conseguenza non avessero alcuna intima comprensione di quanto in basso potesse cadere. I sistemi suprematisti si giustificano attraverso l'illusione, e di conseguenza i momenti in cui il velo dell'illusione si squarcia rappresentano sempre un grande shock. Le persone bianche di un certo tipo sono state colte di sorpresa da Trump, perché non avevano alcuna consapevolezza di quanto la nazione fosse volgare, di quanto la corruzione e la venalità fossero diffuse, finché non è stato troppo tardi. I meno riflessivi tra loro dicono: «Questa non è l'America». Ma alcuni di loro sospettano che invece *sia* l'America, ed è molto doloroso comprendere che, senza volerlo, sei complice di un grande crimine, scoprire che l'intero gioco era truccato a tuo favore, che all'interno della tua nazione ci sono nazioni che da sempre vivono sotto un'amministrazione Trump. Il dolore sta nel renderti conto della tua illegittimità – del fatto che la bianchezza è potere e nulla piú. Percepivo quello stesso dolore nelle parole di Avner e Guy. Erano cresciuti con la convinzione che il popolo ebraico fosse la sola e unica vittima della Storia. Ma poi si erano trovati di fronte a un'incredibile verità, ovvero che non esiste una sola e unica vittima, che vittime e aguzzini si sono sempre scambiati di ruolo.

Era tarda mattinata. Ci stavamo ora avvicinando al villaggio di Susiya, sui monti a sud di Hebron, verso i confini meridionali della Cisgiordania. Questo «villaggio» era un'accozzaglia di una ventina di baracche e capanni lungo una striscia di terra. L'attivista Nasser Nawaj'ah, nativo del luogo, ci ha dato il benvenuto nel soggiorno della sua modesta casa. Ci siamo seduti sul divano e lui ci ha servito il tè.

Susiya è in quel vasto settore, la cosiddetta Area C, dove gli israeliani hanno il controllo assoluto. La grande maggioranza degli insediamenti si trovano nell'Area C, ed è qui che le ondate di violenza di cui parlava Avner erano piú intense. Ma in Cisgiordania la violenza esplicita, diretta, è solo uno degli strumenti con cui viene rubata la terra. Cominciavo a capire che per separare la sposa dalla dote veniva impiegato un intero arsenale di armi: costruzione di autostrade, restrizioni sull'acqua, comunità ad accesso controllato, strade vietate, posti di blocco, soldati, coloni. Mi capitava di meravigliarmi per l'eleganza di quel meccanismo, un po' come ci si meraviglia per una rapina in banca particolarmente ingegnosa. Ma poi incontravo persone come Nasser – persone i cui risparmi di una vita consistevano nella terra – e mi rendevo conto di stare ricadendo nel peccato dell'astrazione, lo stesso che avevo commesso nel mio lavoro.

Mi avevano spiegato che storicamente la popolazione di Susiya e della regione di Masafer Yatta abitava in grotte. Ma la parola «grotta», con le sue risonanze neandertaliane, non evoca quello che ho visto nella zona di Masafer Yatta. Immaginate case in pietra e terra, dotate di impianto elettrico e idrico e suddivise in stanze. Queste case rupestri hanno il grande vantaggio di resistere alle condizioni meteorologiche estremamente variabili che caratterizzano la regione. Gli antenati di Nasser avevano abitato in case come quelle fin dal Settecento. Anche lui era nato in una di quelle abitazioni, ma i piani per separare la sposa dalla dote lo avevano costretto a spostarsi nel piccolo, fragile edificio dove eravamo ospiti in quel momento.

Nel 1985, quando Nasser era piccolo, nel villaggio originario si era presentato un gruppo di israeliani. Gli abitanti li avevano accolti calorosamente, offrendogli il tè, proprio come a me in quel momento. Ma in seguito compresero che quegli «ospiti» erano lí in ricognizione. Avendo scoperto da quelle parti un'antica sinagoga, Israele dichiarò Susiya sito archeologico e affidò la gestione del sito ai coloni della zona, che immediatamente cacciarono i residenti palestinesi dalle loro case e dalle loro terre. I compaesani di Nasser si ritrovarono dispersi per la Cisgiordania. La sua famiglia si trasferí sui terreni che possedevano piú a sud, sperando di trovarvi rifugio. Ma ora si trovavano schiacciati fra il sito archeologico controllato dai coloni e un vero e proprio insediamento. E poi c'erano i problemi legali.

In Israele e nelle aree sotto il suo controllo diretto – Gerusalemme e la maggior parte della Cisgiordania – la terra è saldamente gestita dallo Stato. Quasi ovunque non può essere acquistata, ma solo presa in affitto. Nell'Area C per ottenerla le comunità devono presentare una domanda, corredandola di tutta una serie di documenti, foto aeree e dossier compilati da un avvocato. E spesso i funzionari responsabili delle pratiche sono, come i gestori del sito archeologico di Susiya e i giudici che esaminano le domande, essi stessi coloni che vivono nelle colonie della Cisgiordania. Tuttavia i compaesani di Nasser presentarono lo stesso un progetto, con inclusa domanda per l'affitto della terra, perché la loro nuova comunità venisse riconosciuta dalla commissione urbanistica dell'Area C. Non serví a nulla, e a quel punto smisero di stare alle regole del gioco. – Perché fare domanda? Tutte le commissioni sono contro di noi, – mi ha spiegato Nasser. – In queste comunità a comandare sono i coloni. Non ci sono rappresentanti palestinesi.

La baraccopoli dove lui abita adesso è illegale, il che significa che in qualunque momento i bulldozer israeliani potrebbero arrivare e demolire tutto. Ma la burocrazia che domina su Susiya ha pur sempre le sue opache regole interne. Per ora, invece di abbattere l'intero abitato, si è preferito demolire un edificio alla volta. L'esito è una sorta di limbo: ogni sera Nasser va a dormire non sapendo se il tetto crollerà su di lui e la sua famiglia. Qualche anno fa, sui colli a sud di Hebron si abbatté una violenta bufera che distrusse molte delle abitazioni del villaggio. Le famiglie passarono la notte a spalare la neve fuori dalle case. – A uno degli abitanti è venuto un infarto, proprio durante la bufera, e abbiamo chiamato la polizia, – mi ha raccontato Nasser. – È rarissimo che noi palestinesi chiediamo aiuto alle forze di occupazione. Ma l'abbiamo fatto perché quell'uomo aveva avuto un infarto. E non è venuto nessuno.

Per fortuna l'uomo sopravvisse. Ma dopo la bufera, quando i compaesani di Nasser si misero a ricostruire le abitazioni, i coloni scattarono delle fotografie delle nuove baracche e le sottoposero al parere di un giudice – anche lui un colono. Ma quello che faceva piú arrabbiare Nasser era che in passato i suoi compaesani si erano stabiliti nelle grotte proprio perché offrivano una maggiore protezione dagli eventi atmosferici. – Non c'è giustizia per i palestinesi, – mi ha detto, riferendosi ai tribunali. – Al contrario. Mancanza di giustizia. I tribunali sono uno strumento dell'oppressore, uno strumento dell'occupazione.

Se Susiya è ancora in piedi, è solo perché Nasser e la sua comunità sono riusciti a risvegliare l'attenzione internazionale. La necessità di salvare le apparenze, di atteggiarsi a Stato occidentale moderno, rende almeno in parte Israele vulnerabile alle pressioni internazionali. Ma il contesto internazionale a cui si riferiva Nasser in quel momento era un altro. – Per me questo è apartheid, – ha detto.

La sera dopo la visita a Susiya, mi sono fatto dare uno strappo da un amico fino a Tel Aviv. La tensione di Gerusalemme ha ceduto il passo a caffè brulicanti di gente, viali spaziosi e torri di vetro. C'era un'aria di futuro che mi veniva da associare ad alcune città progressiste nel mio paese, piene di mezzi pubblici e ristoranti ricercati e locali notturni. Gli uomini, in maglietta e con occhiali scuri, avevano un'aria spensierata. Le donne, in shorts sfrangiati, sembravano godersi la vita. Mi sono seduto nel dehors di un caffè su piazza Habima, osservando le folle di manifestanti, contrariati dal tentativo di Netanyahu di assoggettare il potere giudiziario, che passavano sventolando bandiere israeliane. Su una delle bandiere il tradizionale simbolo di Israele compariva in bianco e rosa.

Ho ordinato un ginger ale, sentendomi ribollire dalla rabbia. Continuavo a osservare i manifestanti che sfilavano. E intanto pensavo a quel che avevo visto nei giorni precedenti – a Hebron, a Susiya, nella città vecchia – e a come sembrava tutto cosí distante. Negli Stati Uniti quelle manifestazioni godevano di buona stampa ed erano considerate una dimostrazione della vitalità e del vigore dell'«unica democrazia del Medio Oriente». Ma a quel punto sapevo che «l'unica democrazia del Medio Oriente» era essenzialmente una formula pubblicitaria – come «la Colazione dei Campioni» o «Just Do It», non il frutto di un ragionamento logico o di un'osservazione della realtà, ma una sorta di riflesso condizionato. «Medio Oriente» è la follia degli attentati suicidi, l'arretratezza di una donna dal cui niqab fanno capolino solo gli occhi. «Democrazia» è una bandiera issata su Iwo Jima, Washington che attraversa il Delaware, un lavoratore che prende la parola in un'assemblea municipale. Sovrapponete le due espressioni e avrete un collage: una rappresentazione visiva del sogno di Herzl, «un avamposto della civiltà contro la barbarie». E questo collage è una tecnologia, funzionale come qualunque altra: chi può giudicare la democratica Israele, costretta a esistere in «quella parte del mondo», dove imperversano spose bambine, armi chimiche e Osama bin Laden?

Sedevo sempre piú furioso in quel caffè, furioso per quella manifestazione il cui obiettivo era il mantenimento di una democrazia per qualcuno. Ma poi mi sono mescolato alla folla. C'erano bandiere, tamburi, slogan, e un senso di fratellanza tra i manifestanti. La schiettezza di quell'impegno mi rendeva difficile restare arrabbiato.

Quelle persone erano sincere. Ho ripensato alla mia conversazione con Avner e Guy, e a quant'è difficile trovare il tuo posto in un sistema le cui azioni ripugnano alla tua coscienza. Ma ora, vedendo quale forma hanno assunto i miei viaggi negli ultimi due anni, ripenso a Josiah Nott, a D. W. Griffith, a tutta la letteratura prodotta da una classe oppressiva per celare a se stessa la verità, per convincersi della giustezza del modo in cui vanno le cose.

Il corpus sionista è pieno di quel tipo di cose, e spesso di tratta solo di analogie prese dalla storia statunitense. Le navi che portarono nella Palestina mandataria gli ebrei in fuga dall'Europa vengono definite «le *Mayflower* di un'intera generazione», i combattenti che lottano per sottrarre il potere agli inglesi vengono paragonati agli «uomini di Concord o Lexington», e l'espressione «In Palestina è il 1776» viene usata come grido di battaglia. Quando nel 1946 il giornalista statunitense Frank W. Buxton visitò un kibbutz con la commissione d'inchiesta anglo-americana, ebbe l'impressione di ritrovare le sue stesse radici. «Sono sempre stato fiero di come i miei avi riuscirono a trasformare la foresta vergine in terreno agricolo, – disse. – Ma queste persone coltivano sulla roccia!» L'idea che, se i suoi avi avevano creato una nazione a partire da un deserto spopolato, allora anche i sionisti potevano fare lo stesso risale a ben prima di Buxton. Nel 1881, mentre un'ondata di pogrom si abbatteva sugli ebrei russi, l'ecclesiastico statunitense William E. Blackstone avvertiva che «questi milioni di persone non possono restare dove sono, ma non hanno altro posto dove andare». E per lui la tragedia era aggravata dal fatto che ci sarebbe stata un'ovvia soluzione in Palestina: «una terra senza popolo, e un popolo senza una terra».

Blackstone aveva trovato una formula stringata e poetica per un'idea che si sarebbe ripresentata di continuo nel pensiero sionista, ovvero che il popolo palestinese non esisteva. «Non è come se in Palestina ci fosse stato un popolo palestinese che si considerasse un popolo palestinese e noi fossimo arrivati e li avessimo buttati fuori prendendoci la loro terra», sosteneva Golda Meir. Sottesa a questa visione c'è un'altra idea, ovvero che il valore di un popolo dipenda dal possesso di una patria costituita in Stato-nazione. I palestinesi, non avendo un tale Stato, non avevano diritto alla terra, anzi, forse non avevano alcun diritto. L'accusa di essere privi di una patria o «apolidi» era stata rivolta di frequente anche agli ebrei. I sionisti avevano cercato una soluzione a quell'accusa, ma non ne avevano rifiutato il presupposto. Il loro modello erano i padri pellegrini o i rivoluzionari americani, perciò era prevedibile quale ruolo avrebbero attribuito ai palestinesi.

Nel 1958 Leon Uris pubblicò il suo bestseller *Exodus*, in seguito adattato in un film con Paul Newman. Uris non sopportava che gli ebrei venissero rappresentati come «deboli», e riteneva che molti israeliani provassero i suoi stessi sentimenti riguardo agli «ebrei che non reagiscono lottando». E quale fosse il popolo contro cui avrebbero dovuto lottare era evidente. «Questo è Israele, – aveva scritto Uris nel 1956 in una lettera al padre. – Il combattente che sputa negli occhi alle orde arabe e le sfida». Cosí, combattendo vittoriosamente contro gli arabi, il popolo ebraico avrebbe potuto recuperare l'onore perduto per colpa dei nazisti. E per Israele i palestinesi non erano solo controfigure dei nazisti, ma controfigure *selvagge*, barbari del Terzo Mondo che incarnavano quello che nella mentalità coloniale era il perfido indigeno. L'Azteco. L'Indiano. Lo Zulu. L'Arabo. L'immagine degli arabi predoni, codardi e inclini allo stupro che imperversa in *Exodus* sarà familiare a chiunque abbia presente il modo in cui sono rappresentati i Neri in *Nascita di una nazione*. Perché, come la volgare caricatura dei Neri faceva il gioco della Redenzione bianca, cosí gli arabi di *Exodus* facevano il gioco del sionismo.

Fan del genere western, Uris scrisse *Exodus* in una maniera che potesse piacere ai «gentili» statunitensi. L'accoglienza ricevuta dal libro, che contribuí grandemente alla causa della redenzione di Israele, fu entusiastica. Nove anni dopo la sua pubblicazione, la Guerra dei sei giorni consacrò l'amore marziale degli Stati Uniti per Israele. Era il 1967, e l'America era invischiata in una guerra contro un nemico colonizzato in cui stava perdendo sia le battaglie sul campo sia la lotta per la superiorità morale. Ma in Israele gli americani vedevano dei guerrieri occidentali che sgominavano i selvaggi. Non si trattava di soldati, ma di virtuosi, riluttanti difensori di un popolo a lungo perseguitato, che uccidevano solo quando non potevano evitarlo.

In Israele questo ideale era riassunto nel concetto di «purezza delle armi», il motto dell'Idf. Tratto dal codice etico ufficiale dell'esercito, questo concetto sostiene che i soldati israeliani sono particolarmente nobili quando combattono con moderazione e mantengono la loro «umanità anche in battaglia». Negli Stati Uniti i giornalisti abbracciarono quell'idea e adattarono all'Idf una versione della «causa persa del Sud». Sul numero dell'«Atlantic» del settembre 1967, in un articolo intitolato *The Swift Sword*, Barbara Tuchman scrisse che i soldati israeliani «combattevano e piangevano», definendoli «leoni» che «lottavano con le lacrime agli occhi» e assicurando ai suoi lettori che, considerata la loro storia, gli israeliani non potevano che essere un tipo di esercito diverso. «Il popolo ebraico non è abituato alla conquista, e la accogliamo con sentimenti contrastanti», le aveva detto il generale Yitzhak Rabin.

Quando anni dopo uscí *Uno specchio lontano*, Tuchman mise in guardia da un'agiografia della violenza, citando i cavalieri medievali:

> I cavalieri di re Artú si avventuravano per amore della giustizia contro draghi, maghi e uomini malvagi, per stabilire l'ordine in un mondo selvaggio. Perciò i cavalieri, loro rappresentanti viventi, dovevano in teoria servire come difensori della fede, mantenere la giustizia, difendere gli oppressi. Nella pratica erano essi stessi degli oppressori, e nel Trecento la violenza e gli arbitrî degli uomini di spada erano diventati uno dei principali fattori di disordine.

Ma nel 1967 la storia di quelle truppe apparentemente raffazzonate che combattevano con onore e piangevano mentre sparavano si era rivelata troppo allettante. Come anche la tentazione di attingere alla piú screditata pseudoscienza dell'epoca.

La commissione anglo-americana aveva visto negli israeliani una trasformazione – «una nuova generazione di ebrei che risorge libera dallo stigma del ghetto» – non solo spirituale ma anche fisica. «Molti dei bambini ebrei che ho visto erano biondi e con gli occhi azzurri, una mutazione di massa che, mi è stato detto, non è ancora stata adeguatamente spiegata, – scrisse il membro della commissione Bartley Crum. – Cosa ancor piú sorprendente perché la maggior parte degli ebrei della Palestina è di stirpe esteuropea, tradizionalmente scura di occhi e di capelli. Si potrebbe quasi sostenere che in Palestina stia nascendo un nuovo popolo ebraico». Nel 1951 il giornalista Kenneth W. Bilby scrisse che gli ebrei israeliani si stavano distaccando fisicamente dai «loro cugini semiti nel mondo arabo». Dopo aver fatto visita a un gruppo di bambini in un kibbutz, scrisse: «Sfiderei qualunque antropologo a mescolare questi bambini con coetanei britannici, americani, tedeschi e scandinavi e poi riconoscere quali sono gli ebrei».

L'osservazione di Bilby è rivelatrice della mentalità razzializzata dell'Occidente, degli assurdi confini della bianchezza e dell'incerto posizionamento degli ebrei. Quella che aveva portato alla morte di cosí tanti ebrei non era stata solo una guerra mondiale, ma anche una guerra razziale – con profonde radici negli Stati Uniti. Fin dal 1905 i conquistatori tedeschi dell'Africa sud-occidentale avevano promulgato leggi contro i matrimoni misti – ispirate alla legislazione in vigore negli Stati sudisti americani. In seguito, quando cercarono di sterminare gli Herero e i Nama, il loro ragionamento era molto chiaro: «Gli indigeni devono cedere il passo, – osservò il generale tedesco

Lothar von Trotha. – Guardate l'America». E negli anni Trenta, quando i nazisti cercarono un precedente per la loro raffica di leggi antisemite, lo trovarono negli Stati Uniti, «il luogo principale dove fosse in vigore una legislazione razzista», come scrive lo storico James Q. Whitman. La presenza relativamente poco numerosa di Neri non fu un ostacolo per i nazisti. Hitler «vedeva l'intero pianeta come un'"Africa", – scrive lo storico Timothy Snyder, – e classificava tutti i popoli, europei compresi, in termini razziali». Ucraini e polacchi venivano derisi in quanto «neri». Degli slavi si diceva che combattevano «come indiani». E i tedeschi si consideravano eroici colonizzatori, «conquistatori di terre lontane», scrive Snyder. Il messaggio non sfuggí alle nazioni che si trovavano sotto il tallone di Hitler. «Siamo come schiavi, – scriveva sul suo diario una donna ucraina. – Spesso ci viene in mente il libro *La capanna dello zio Tom*. Un tempo piangevamo per i negri, ora ovviamente viviamo la stessa esperienza».

Negli anni dell'immediato dopoguerra, il posizionamento degli ebrei sotto la tenda della bianchezza era ancora incerto. Anche dopo l'Olocausto, l'antisemitismo continuava a essere una forza potente e, nei campi in cui erano ammassati i profughi di guerra, i «rifugiati» ebrei si trovavano in condizioni simili a quelle della prigionia, in mezzo alla sporcizia e circondati da filo spinato. «Per come stanno le cose, – scrisse il funzionario statunitense Earl G. Harrison in un rapporto sui campi, – mi sembra che trattiamo gli ebrei come li trattavano i nazisti, a parte il fatto che non li sterminiamo». Quel trattamento non era frutto del caso, ma di un odio profondamente radicato, condiviso anche ai massimi livelli del potere. Essendo venuto a conoscenza del rapporto di Harrison, il generale George S. Patton, responsabile dei campi profughi in Baviera, si sfogò sul suo diario scrivendo che «Harrison e quelli della sua risma ritengono che i profughi siano esseri umani, cosa che non sono, e questo vale soprattutto per gli ebrei, che sono peggio di animali».

L'americano medio era forse meno sfrenato nel suo antisemitismo, ma ciò non significa che ci fosse grande solidarietà per i sopravvissuti all'Olocausto. In un sondaggio del 1945, solo il 5 per cento degli statunitensi riteneva che l'immigrazione avrebbe dovuto aumentare, mentre il 37 per cento riteneva che dovesse diminuire. Quando, su incarico del presidente Truman, il Congresso cercò di modificare le leggi sull'immigrazione in modo da consentire a piú profughi di entrare nel paese, il deputato texano Ed Gossett li definí «i rifiuti dell'Europa». E a quel punto il suo ufficio fu inondato da messaggi antisemiti al vetriolo che se la prendevano col «parlamento dominato dagli ebrei», inveivano contro il «Jew Deal», sostenevano che gli Stati Uniti avessero «combattuto dalla parte sbagliata» e che gli ebrei avessero «rovinato tutti i paesi in cui sono entrati, inclusa la Germania», e stessero già «rovinando gli Stati Uniti». In questo scenario, nel 1948 il Congresso approvò una legge sull'immigrazione che adottava restrizioni temporali e geografiche volte a mantenere al minimo l'immigrazione ebraica. In quello stesso anno, gli Stati Uniti divennero il primo paese a riconoscere l'indipendenza di Israele. La causa della bianchezza ebraica veniva cosí sostenuta «tenendoli laggiú» – meglio ancora, tenendoli laggiú a fare la guerra a indigeni e selvaggi.

Una virtuosa violenza scatenata su una casta inferiore brutale e degenerata è sempre stata la chiave per l'ammissione nella confraternita delle nazioni occidentali. E quando quelle nazioni si sentono umiliate, quando il loro onore nazionale è macchiato, allora quella violenza diventa ancora piú efferata. A nessun popolo del mondo questo è stato fatto comprendere meglio che agli *Untermenschen* di Hitler per eccellenza, gli ebrei d'Europa. La rabbia di Uris nei confronti degli «ebrei deboli», quelli che durante l'Olocausto non avevano «reagito lottando», riecheggiava un sentimento diffuso in alcuni settori della comunità ebraica. Mordechai Gichon aveva combattuto nella Seconda guerra mondiale nei ranghi della Brigata ebraica britannica, e in seguito aveva incontrato alcuni sopravvissuti alle atrocità naziste. Ne era uscito con un misto di vergogna e compassione:

> Il mio cervello non riusciva ad afferrare, né allora né oggi, il fatto che in un campo ci fossero decine di migliaia di ebrei con solo poche guardie tedesche, e che non si fossero ribellati, ma semplicemente fossero andati come agnelli al macello. [...] Perché non li hanno fatti a pezzi? Ho sempre detto che in Israele non potrebbe succedere nulla di simile.

Le guerre contro i palestinesi e i loro alleati arabi erano una sorta di teatro in cui gli «ebrei deboli» che erano andati «come agnelli al macello» venivano soppiantati dagli israeliani, che «reagiscono combattendo». Avvenne cosí una redenzione di tipo diverso: mettendo in rotta gli «arabi» selvaggi, assassinando i loro leader, confinandoli nei bantustan di Tuba, o nelle riserve di Gaza, o nei ghetti di Lidda, l'onore nazionale ebraico fu ristabilito alla maniera tradizionale delle potenze dell'Europa occidentale. La «mutazione di massa» verso la bianchezza fu portata avanti, e «Idf», «Mossad» e «Shin Bet» divennero tutti sinonimi di virtuosa violenza virile. Tale definizione è il prodotto di fatti compiuti – ma i fatti compiuti necessitavano di una rappresentazione. Ci voleva l'odio di Leon Uris per gli «ebrei deboli». Ci volevano i leoni piangenti di Barbara Tuchman. E ci volevano sia un pubblico americano sia narratori americani. Per scrivere ed eseguire la canzone che avrebbe fatto da motivo conduttore all'adattamento cinematografico di *Exodus* fu scelta l'americanissima pop star Pat Boone. E Boone non deluse le aspettative: «Se devo combattere, combatterò per rendere mia questa terra. | Finché non muoio questa terra è mia».

Dopo aver sgominato i suoi nemici arabi ed essersi costituito in Stato, Israele si dedicò al processo di assicurarsi piú terra possibile tenendo al di fuori dai suoi confini piú palestinesi possibile. Questo approccio etnocratico all'edificazione dello Stato aveva radici profonde nel sionismo, secondo cui il mantenimento di una maggioranza demografica all'interno di un forte Stato ebraico sarebbe stato l'unico vero baluardo contro l'antisemitismo. Ma preservare una simile maggioranza comportava un evidente problema: i palestinesi. Scriveva Jabotinskij:

> Questo è tutto ciò che i sionisti chiedono [...] ed è precisamente ciò che gli arabi non vogliono [...] poiché, cosí facendo, gli ebrei diventeranno a poco a poco una maggioranza, di modo che costituiranno, naturalmente, un governo ebraico, e la sorte della minoranza araba dipenderà esclusivamente dal buon volere degli ebrei. Ora, su questo punto, su ciò che ha di «piacevole» lo status di minoranza, gli ebrei stessi ci hanno intrattenuto piú di una volta. Ecco perché non c'è alcuna «incomprensione». I sionisti non vogliono che una cosa: la libertà di immigrazione; ed è precisamente questa libertà di immigrazione ebraica che gli arabi non vogliono.

Nel 1948 Israele non doveva piú preoccuparsi di quello che «gli arabi» volevano. Piú di settecentomila palestinesi furono sradicati ed esiliati dalla loro terra dall'avanzata dell'esercito israeliano. Molte di quelle persone credevano che dopo la guerra avrebbero avuto la possibilità di tornare nelle proprie case. Ma un tale ritorno avrebbe vanificato il progetto dello Stato israeliano trasformando gli ebrei in una minoranza – proprio quel che il sionismo cercava di evitare. Perciò ai palestinesi fu negato il «diritto al ritorno», e la loro terra fu confiscata dallo Stato e consegnata ad altri israeliani. La trasformazione fu impressionante: prima della costituzione dello Stato di Israele, i palestinesi possedevano il 90 per cento di tutta la terra della Palestina mandataria. La maggior parte di quella terra fu confiscata e incorporata in Israele. «Fra il 1948 e il 1953, i cinque anni successivi alla nascita dello Stato, trecentocinquanta (su un totale di trecentosettanta) nuovi insediamenti ebraici furono costruiti su terra appartenuta a palestinesi», scrive Noura Erakat nel suo libro *Justice for Some*.

Il timore di perdere la supremazia demografica incombe ancora su Israele. Nel 2003 il futuro primo ministro Ehud

Olmert invitò Israele ad «aumentare al massimo il numero di ebrei» e «ridurre al minimo il numero di palestinesi». Una «maggioranza musulmana» avrebbe significato «la distruzione di Israele come Stato», affermava l'ex primo ministro Ehud Barak. Mentre Netanyahu una volta predisse che, se i cittadini palestinesi avessero mai raggiunto il 35 per cento, lo Stato ebraico sarebbe stato «annullato». E riflettendo sugli «assurdi» confini di Gerusalemme, l'ex vicesindaco Meron Benvenisti riassunse cosí la politica che ci stava dietro: «l'aspirazione a includere un massimo di terra con un minimo di arabi».

C'è una stretta relazione fra questa vulnerabilità, questa fragilità implicita nel sogno sionista, e la grande tensione che ho percepito durante il mio primo giorno a Gerusalemme. La città vecchia fa parte di un piú vasto aggregato di comunità, il cosiddetto «bacino della città vecchia». In questa regione abitano circa centomila palestinesi, e solo seimila israeliani. Sul pianeta non esiste piú vasta concentrazione di luoghi santi alle religioni abramitiche – e al suo interno il rapporto numerico fra palestinesi e israeliani è di venti a uno. A Susiya, Nasser mi aveva raccontato che da quando la sua famiglia era stata sbattuta fuori di casa la grotta era stata trasformata in «un cinema» e «un'attrazione turistica» dedicata ai «tempi biblici». Come sempre, quella valanga di informazioni mi aveva sopraffatto – stentavo a immaginare una grotta che, dopo essere stata la casa di qualcuno, era stata trasformata in un cinema e un'attrazione turistica dedicata ai tempi biblici. Mi si erano presentate alla mente immagini di un planetario con angeli che svolazzavano nel cielo, e poi di un cinema Imax dove gli israeliani distribuivano occhiali 3D con cui guardare i profeti che camminavano nella terra santa. Immagini che avevo scartato come assurde.

Ma, due giorni dopo aver conosciuto Nasser, ho visitato con Avner quello che può solo essere definito un parco di divertimenti archeologico, la Città di David, un vasto complesso sulle pendici di una collina, a ridosso della città vecchia di Gerusalemme. Siamo entrati in una grande biglietteria piena di scolaretti israeliani che ridevano, strillavano e correvano. Ho pagato e poi mi sono inoltrato nel cuore del complesso, costruito intorno a un sito archeologico risalente a fine Ottocento, quando i britannici avevano scoperto le tracce di un antico insediamento ancora piú vecchio della città vecchia. I britannici credevano che l'archeologia della Terra Santa avrebbe dimostrato la storicità della Bibbia, blindando cosí la fede cristiana con l'armatura dell'empirismo e della scienza. Perciò, subito dopo aver scoperto quelle tracce, fecero una dichiarazione stupefacente: avevano scoperto il palazzo di re David, uccisore di Golia, fondatore della dinastia giudea e sovrano dell'antico regno di Israele.

Lo scrittore e giornalista israeliano Amos Elon una volta definí l'archeologia israeliana «quasi uno sport nazionale», che aveva conquistato una nazione sempre in cerca della «rassicurazione delle radici». Elon faceva notare che i simboli nazionali israeliani erano quasi tutti tratti dall'antichità. «Per gli ansiosi israeliani, – scrisse, – le consolazioni morali dell'archeologia sono notevoli». Al pari di quella britannica, l'archeologia sionista cercava di affermare la storicità della Bibbia per affermare la legittimità di un progetto politico. Quel che serviva era una narrazione ininterrotta su una nazione ebraica che risalisse alla notte dei tempi. Con una tale narrazione fra le mani, Israele avrebbe avuto quello che Ben Gurion definiva «un sacrosanto titolo di proprietà sulla Palestina».

Piú mi aggiravo per la Città di David, piú le prove di quel titolo di proprietà, per non parlare della presenza in quel luogo dell'antico re israelita, si rivelavano puramente ipotetiche. Sul capitello di una colonna di pietra dissotterrata c'era un cartellino con scritto, fra le altre cose, «molti segreti della Città di David restano nascosti nel terreno», come a dire che la rivelazione di grandi segreti era imminente. Dopo la mia visita solitaria ho guardato un film in 3D in cui compariva un uomo vestito come Indiana Jones che commentava una ricostruzione a cartoni animati della conquista di Gerusalemme da parte dell'esercito di David. Al termine del filmato l'uomo dichiarava in tono trionfale che finalmente i possessori originari di quella terra erano tornati. Quel ritorno poteva essere celebrato in molti modi diversi. A quel che mancava in fatto di rigore scientifico la Città di David sopperiva con l'esultanza. Il sito offriva uno «spettacolo di alleluia notturno» e un allettante «magico, misterioso viaggio nel cuore di Gerusalemme». Fra i progetti futuri c'erano, fra le altre cose, una funicolare e una teleferica.

Ora capivo cosa intendeva Nasser con «attrazione turistica dedicata ai tempi biblici». E trovavo familiare quel fragile trionfalismo, quel disperato bisogno di affermare una discendenza reale e grandi titoli ancestrali. Non potevo non chiedermi se tale trionfalismo non fosse l'esito di una volontà di confutazione, del bisogno di dimostrare che quel popolo non era fatto di «animali» che avevano «rovinato tutti i paesi in cui sono mai entrati». Da tutta la vita avevo a che fare con analoghe evocazioni di grandi regni e antichi imperi – una ricerca di salde origini e radici nobiliari. Era stranissimo: i conquistatori erano stati conquistati da una variante della negrologia. E ora il sionismo era entrato in un tenebroso terzo atto, in cui alle origini nobiliari si dovevano accompagnare privilegi nobiliari.

Il giorno prima avevo fatto un giro in un insediamento e visto una cosa che sembrava uscita dal mondo di Mad Max. Sul limitare dell'insediamento, ogni decina di metri, c'era un cane da guardia che vedendomi balzava in piedi, ringhiava e abbaiava forte. Guardando meglio, avevo visto che i cani avevano tutti un guinzaglio lungo circa tre metri collegato a un cavo orizzontale che correva in alto. Il risultato era una specie di recinzione, una muraglia fatta di cani da guardia. Mi ero sentito alla presenza di una terribile chimera – una muraglia di cerberi che sembrava uscita dai miei incubi sulla violenza razzista a Montgomery, Alabama.

Anche da quella chimera traspariva una profonda insicurezza, l'insicurezza di chi l'aveva escogitata. Per costruire una muraglia di bestie feroci devi essere *davvero* spaventato. Forse è quello che succede quando l'annientamento non è piú un'ipotesi teorica ma un'esperienza nazionale e personale. Questa è la risposta facile. Quella piú disturbante è che quella muraglia non rappresentava niente di nuovo, che non era piú spettacolare del rituale del linciaggio, che anche le folle inferocite del Sud si sentivano insicure, e che anche quel rituale parlava della violenta impotenza dell'uomo bianco. E, abbastanza stranamente, anche mentre uscivo dalla Città di David provavo quella stessa sensazione – di trovarmi al cospetto di una violenta impotenza. Sembrava tutto cosí finto. E mentre assistevo allo spettacolo della redenzione di Eretz Israel, al presunto ritorno a casa di un antico popolo celebrato in una proiezione 3D e accessibile via teleferica, avevo la sensazione di trovarmi di fronte a un luna park male allestito, e a una gigantesca impostura. Ero nella terra tanto amata da Uris, quella dove il Nuovo Ebreo «sputa negli occhi alle orde arabe». Ma la violenza e la forza che emanavano dalla Città di David rivelavano l'inquietudine e la paura annidate nel profondo di Israele. Lo Stato «fa troppi giuramenti, mi pare». Mi è venuto da pensare che, se anche l'onore nazionale ebraico era stato davvero ristabilito, gli israeliani sembravano i primi a non esserne del tutto convinti.

Siamo usciti dal complesso e ci siamo diretti verso il cuore della città vecchia. A est vedevo numerosi edifici che si arrampicavano sul fianco della collina. Su alcune di quelle costruzioni erano dipinti degli occhi, che scrutavano la Città di David. Nella città vecchia abbiamo incontrato Alon Arad, archeologo per l'ong Emek Shaveh, e

Amy Cohen, attivista per i diritti abitativi. Se vi pare una combinazione bizzarra, siete perdonati – lo stesso è parso anche a me. Avevo dato ad alcuni conoscenti una lista approssimativa dei miei interessi, e loro avevano messo insieme un elenco di persone che avrei dovuto incontrare, e stabilito in quale ordine. E io mi ero affidato a quell'elenco senza fare domande – anche perché non avrei avuto le competenze per dissentire. Era cosí che ero finito alla Città di David. Mi avevano consigliato di andare prima da solo in quel «parco di divertimenti archeologico», per poi fare un altro giro sia della città vecchia sia della città di David in compagnia di esperti.

Era un saggio consiglio. Quella era la seconda volta che visitavo la città vecchia. La prima volta c'ero entrato come un musulmano, dalla Porta dei Leoni, e le mie guide erano musulmane o arabe, il che aveva limitato le mie possibilità di accesso ma mi aveva fatto rendere conto dei confini invisibili della città. Questa volta entravo dalla Porta di Giaffa, la via d'accesso per la maggior parte dei turisti stranieri non musulmani. La differenza era palpabile e, come a Tel Aviv, mentre mi facevo largo in una calca di allegri turisti e mi imbattevo in gioiose feste di bar mitzvah, mi sembrava di essere in un altro paese.

Dopo pranzo siamo tornati indietro attraverso una galleria presidiata da un posto di blocco. Le guardie mi hanno controllato il passaporto e scrutato con aria diffidente prima di lasciarmi passare. In seguito, Amy mi ha spiegato che a quel posto di blocco di solito i palestinesi venivano rimandati indietro. Piú avanti siamo arrivati a un grande spiazzo sotto il Monte del Tempio, e da lontano ho visto una fila di fedeli in piedi davanti al Muro occidentale, che risale probabilmente ai tempi di Erode, circa duemila anni fa. Guardando la folla di fedeli e turisti, mi sono reso conto di trovarmi in un luogo che avrebbe dovuto ispirare un senso di devozione e solennità. Ma a quel punto sapevo che quei sentimenti potevano essere facilmente trasformati in un casus belli. E sapevo anche, a quel punto, che il Muro occidentale come lo vedevo adesso, con quel grande spiazzo, era un esito di quella trasformazione.

Nel 1967, quando l'Idf aveva conquistato Gerusalemme Est e la città vecchia, Israele aveva gioito. «Siamo tornati nel piú santo dei nostri luoghi, – dichiarò il generale Moshe Dayan alla rivista «Life». – Per non andarcene mai piú». E nessun luogo era piú santo del Muro occidentale, quelle vestigia di un'epoca in cui gli antichi re ebrei governavano sulla città vecchia. Per secoli i fedeli ebrei avevano ottenuto il diritto di pregare al Muro occidentale trattando coi sovrani musulmani di Gerusalemme, che veneravano al-Aqsa, adiacente al Muro. Ora i nuovi sovrani di Gerusalemme immaginarono un grande spazio aperto dove si potesse pregare in massa. Ma ecco il solito problema: lí c'era già qualcuno. Nel 1193 al-Malik al-Afdal, figlio di Saladino, il flagello dei Crociati, aveva destinato ai fedeli e studiosi islamici provenienti dal Maghreb una parte del terreno prospicente il Muro.

Quando Dayan arrivò nella città vecchia, il cosiddetto Quartiere marocchino ospitava da circa ottocento anni centootto famiglie in un lotto di circa tre isolati. Il giornalista Abdallah Schleifer lo descriveva come «un quartiere piacevole e peculiare dal punto di vista architettonico, con tetti a terrazza imbiancati di fresco, giardini e graziose casette costruite diverse centinaia di anni fa in stile nordafricano per alloggiare i soldati marocchini di guarnigione a Gerusalemme al servizio degli ottomani». Una visione molto diversa da quella del leader sionista Chaim Weizmann, che, in un appello rivolto a Lord Balfour per ottenere la custodia del quartiere, l'aveva definito un guazzabuglio di «miserabili catapecchie e costruzioni fatiscenti». La sua proposta di acquistare il quartiere era stata respinta, come anche tutte le altre offerte successive. Ma quello che non poteva essere comprato poteva essere conquistato con la spada. «Il giorno dopo la caduta della città vecchia, – scrisse Teddy Kollek, all'epoca sindaco di Gerusalemme, – mi fu subito chiaro che bisognava fare qualcosa per le casupole ammassate vicino al Muro occidentale».

Già nel 1887 il barone Edmond de Rothschild aveva proposto di acquistare e abbattere il quartiere per creare uno spiazzo per i fedeli. Tre giorni dopo la caduta della città vecchia, la visione di Rothschild divenne rapidamente realtà quando i bulldozer israeliani rasero al suolo il quartiere. Centotrentacinque abitazioni furono demolite e seicentocinquanta persone restarono senza un tetto. Almeno una donna morí sotto le macerie dopo essersi rifiutata di lasciare la sua casa. «Le persone restarono sbigottite perché quelle case non erano solo proprietà loro, ma proprietà dei loro antenati, da ottocento anni, se non di piú, – ricordò in seguito un abitante. – Ci dissero di prendere tutto il piú rapidamente possibile perché non avevamo tempo. [...] Alcuni arraffarono le proprie cose in fretta e furia e si precipitarono fuori dalle case. Era incredibile. Ci gridavano: «Svelti, svelti... prendete la vostra roba e uscite, yalla, svelti, svelti». [...] Non permisero a nessuno di restare. Svuotarono l'intero quartiere in un baleno».

La ragione ufficiale per la distruzione del Quartiere marocchino era la mancanza di spazio per i fedeli ebrei. Ma dato che i sionisti cercavano sempre ulteriori puntelli per il loro titolo di proprietà, quelle demolizioni permettevano anche di prevenire qualunque rivendicazione in senso contrario. In questo processo c'era un letteralismo brutale, uno stretto legame tra le fumose rivendicazioni simboliche risalenti ai tempi antichi e le inappellabili rivendicazioni concrete sulla terra palestinese. E questo processo è ancora in corso. La Città di David sostiene di avere un intento educativo: mettere in contatto le persone col passato ebraico attraverso un mix di archeologia e turismo. Ma di fatto le sue mire sono piú radicali. È gestita da un'organizzazione privata di coloni a cui lo Stato ha affidato la custodia degli scavi. La nostra visita si è svolta l'ottavo giorno del mio viaggio, e a quel punto ne sapevo abbastanza da capire che l'obiettivo primario di qualunque «organizzazione di coloni» era scacciare i palestinesi e far arrivare al loro posto ebrei israeliani.

Uno dei metodi per riuscirci era dichiarare un pezzo di terra sito archeologico, consentendo cosí allo Stato di decidere a quale uso doveva essere destinato quel luogo. Nell'Area C, dove Nasser e tutti i palestinesi sono assoggettati al regime israeliano, gli interessi dello Stato possono significare lo sfratto immediato. A Gerusalemme Est, dove i palestinesi sono «residenti» – ma non cittadini –, gli sfratti sono piú complicati. Perciò, se lo Stato dichiara che la tua casa si trova in un sito archeologico, questo può anche non comportare uno sfratto immediato, però comporta che davanti a casa tua – oppure in un tunnel sotto casa tua – verranno effettuati degli scavi. E nel caso della Città di David questo comporta che il quartiere verrà invaso da turisti infervorati dallo sciovinismo religioso e spinti a considerarti un intruso sulla terra loro donata da Dio. L'intento, mi ha spiegato Alon, è creare una «correlazione fra retaggio ebraico e proprietà» e far crescere una generazione che non riesca a immaginare altro che un dominio assoluto degli ebrei su Eretz Israel. Mentre osservavo i fedeli, Alon mi ha indicato quelli che sembravano i resti di un antico muro. In mezzo al poco che restava del Quartiere marocchino, in mezzo a quel mondo perduto, provavo un misto di sconcerto, senso di tradimento e rabbia. Lo sconcerto riguardava me – la mia ignoranza, la mia mancanza di curiosità, i limiti del modo in cui avevo formulato la mia richiesta di risarcimenti. Il senso di tradimento riguardava i miei colleghi giornalisti – per come facevano il loro lavoro, per come avallavano una palese discriminazione, per le voci che avevano messo a tacere. E la rabbia riguardava il mio passato – la distruzione del quartiere di Black Bottom, i massacri di Rosewood e di Tulsa – che quel presente non poteva non evocarmi.

Dopodiché siamo tornati indietro, allontanandoci dai fantasmi del quartiere Mughrabi, e ci siamo di nuovo diretti alla Città di David. Durante quella seconda visita ho notato una cosa che la prima volta mi era sfuggita: a pochi passi dallo scavo principale c'era una piccola zona residenziale con diverse case allineate su un lato della strada. Alcune di quelle case esibivano bandiere israeliane, altre no. Quella era ancora Gerusalemme Est – territorio occupato. Le bandiere israeliane proclamavano orgogliosamente che quel territorio era in corso di colonizzazione. E ripensando a quel che Alon mi aveva spiegato, ho capito che quello spazio aveva una storia che non era né inerte né antica; era viva e vegeta, e veniva usata per promuovere quella che ora vedevo come una lenta ma costante pulizia etnica.

Ovunque sia andato quella settimana, nei territori occupati, a Gerusalemme Est, a Haifa, e dalle storie raccontate dai palestinesi e anche dagli israeliani, era evidente che lo Stato aveva un unico messaggio per i palestinesi all'interno dei suoi confini, e quel messaggio era: «Meglio che ve ne andiate da un'altra parte». A volte il messaggio veniva trasmesso in modo brutale, come quando Nasser e i suoi erano stati buttati fuori casa. Invece lí a Gerusalemme le strategie erano piú sottili. La Città di David rendeva semplicemente molto sgradevole per i palestinesi restare lí. Ho ripensato alla mia visita a Columbia, nella Carolina del Sud, e a tutti quei monumenti a schiavisti e apologeti di Jim Crow. Ho pensato a come fino a qualche tempo prima sul Campidoglio di quello Stato avesse sventolato la bandiera confederata. Ho pensato al tipo di persone che andavano a vedere quei monumenti, che consideravano importante quella bandiera. E poi ho immaginato come mi sarei sentito se lo Stato che esercita il suo potere su di me mi avesse portato tutto ciò davanti alla porta di casa.

E quel che stavo vedendo lí sembrava poco credibile quanto la storia che giustificava quei memoriali confederati. La Città di David si dava una patina di antichità e di scienza archeologica, ma non mi era affatto chiaro se quella fosse mai stata una città, e nel caso se fosse mai stata governata da un re di nome David.

– È davvero la Città di David? – ho chiesto ad Alon.

– È una città dell'età del ferro, risalente a circa duecento anni dopo il regno di David, – ha risposto lui.

– Quindi in pratica lui era morto all'epoca in cui…

Alon mi ha interrotto. – Io non credo che lui sia mai vissuto.

L'ha detto nel tono di mera constatazione che si confaceva alla sua professione, spazzando via quei miti che i non addetti ai lavori sono disposti a scambiare per Storia. L'archeologia è questione di punti di vista, mi ha spiegato. Se trovi quattro muri, e la definisci una sala, e ritieni di trovarti nella sede di un antico regno, allora perché non potrebbe essere la sala del trono? Abbiamo continuato a camminare fino ad arrivare a una biglietteria esterna, dove Alon mi ha indicato una targa sul muro. Sulla targa c'erano la bandiera degli Stati Uniti e il nome di un ex ambasciatore in Israele. Mi sono avvicinato per leggere la scritta: «La Città di David riporta in vita la Gerusalemme biblica proprio nel luogo dove muovevano i loro passi i re e i profeti della Bibbia, – diceva. – Il fondamento spirituale dei valori della nostra nazione viene da Gerusalemme. È su questi ideali che venne fondata la repubblica americana, e si formò l'inscindibile legame fra Stati Uniti e Israele».

A quel punto Alon ha abbandonato il suo distacco clinico e ha alzato la voce. – La Città di David, – ha detto, – è riuscita a ottenere una tale credibilità che l'ambasciatore americano viene qui e dichiara che questo posto fa parte del glorioso retaggio degli Stati Uniti all'estero. Sí, esiste un retaggio americano all'estero. Ma di solito si tratta di cimiteri di guerra in Normandia. Quello è il retaggio americano all'estero. Non la Città di David. Quando tu parli di suprematismo bianco e di come le cose qui te lo ricordano, ecco, è questo il motivo per cui le chiese evangeliche e i coloni vanno d'amore e d'accordo. Hanno la stessa identica mentalità. Fanno cose diverse, ma hanno la stessa identica mentalità...

L'ho interrotto: – Ho bisogno di un minuto. Mi vado a sedere.

Mi sono allontanato e ho trovato un posto all'ombra, lontano dagli altri. In quel momento, tutto ciò che avevo visto nel corso di quei giorni mi ha investito come una valanga: gli sfratti dalle grotte, il massacro a Hebron, i monumenti al genocidio, i posti di blocco, la muraglia di bestie feroci, e tante altre cose. Spesso a coloro che criticano Israele, a coloro che criticano quel che è stato fatto approfittando della giustificazione morale dell'Olocausto, si ribatte che in tutto il mondo capitano cose brutte. Ci dicono che è sospetto che, con tutti gli Stati palesemente immorali che ci sono, ce la prendiamo proprio con Israele – come se la relazione fra gli Stati Uniti e Israele non fosse qualcosa di peculiare. Eppure quella targa lo spiegava chiaramente: «Il fondamento spirituale dei valori della nostra nazione viene da Gerusalemme». Tutto quel che avevo visto – l'uso strumentale dell'archeologia, la distruzione di antichi siti, la cacciata dei palestinesi dalle loro case – avveniva con l'imprimatur degli Stati Uniti d'America. Ovvero con la mia autorizzazione. Non si trattava di una delle tante brutte cose commesse da altri Stati, ma di una brutta cosa commessa nel mio nome.

Siamo usciti dalla Città di David e scesi in una valle dove erano in corso altri scavi – alla ricerca dell'antica Piscina di Siloe, dove, a quanto si dice, una volta Gesú aveva ridato la vista a un cieco. Per cercarla, la Città di David ha confiscato e distrutto, in accordo col governo israeliano, il frutteto di una famiglia palestinese. Le prove dell'esistenza della piscina e dei suoi poteri miracolosi devono ancora essere trovate. Ma concentrarsi sulla realtà storica significa fraintendere la Città di David. Come ha dichiarato a un giornalista uno dei suoi funzionari, i turisti vengono qui «per sentire delle belle storie, non per ascoltare la conferenza di un professore». Incalzato a esprimersi sull'accuratezza storica del nome stesso «Città di David», il funzionario non ha fatto una piega: «Un'insegna con scritto "benvenuti nel palazzo di re David" non l'abbiamo ancora trovata. Forse la troveremo, forse no».

Quel pomeriggio sono tornato in albergo, esausto come al solito – cosí esausto che non ho neanche visto l'uomo in piedi fermo davanti all'ingresso. O forse l'ho visto, ma non ho realizzato cosa ci facesse lí finché non mi ha fermato. – Lei ha una stanza qui? – mi ha chiesto. Aveva un tono di riguardosa ostilità, come un ispettore inglese che continui a chiamare il sospetto «Sir». Io ero ipnotizzato dalla pistola che aveva alla cintola. Ho infilato una mano in tasca, gli ho mostrato la scheda magnetica e sono entrato. Mentre attraversavo la hall mi è venuto un brivido, e mi sono affrettato a salire in camera.

Credo di non aver mai percepito in vita mia lo sguardo truce del razzismo in modo piú intenso e strano che in Israele. Alcuni aspetti li riconosco: i palestinesi dalla pelle chiara che parlano di «passare» per ebrei, gli ebrei Neri e arabi le cui storie potrebbero avere come scenario Atlanta invece di Tel Aviv. Ma per la maggior parte del tempo sentivo di non essere nel mirino. Per esempio in quell'albergo non si trattava tanto di un «negro, togliti dai coglioni» ma di un «che cazzo ci fai qui?» E avevano ragione. L'albergo era molto carino. Ma sapendo come era stato ottenuto, sapendo come veniva protetto, conoscendo il «sogno colossale» che aveva attratto la maggior parte dei suoi ospiti, e sapendo che avevo immaginato di potervi trovare un po' di requie, un po' di conforto nel bel mezzo di una pulizia etnica in pieno svolgimento, di una colonizzazione in pieno svolgimento, non potevo non chiedermi anch'io che cazzo ci facevo lí.

In un certo senso, il mio viaggio nella Terra di Palestina era un percorso a ritroso verso quell'istinto che avevo perso, il dono ancestrale che avevo dimenticato. Quel dono non è nel sangue ma nelle storie, negli assiomi, nelle esperienze che sono il frutto di secoli di vita ai margini di una democrazia equivoca. Ai tempi in cui avevo esordito come giornalista, ero pieno di scetticismo – non verso il mio paese, ma proprio verso quel dono, che mi sembrava troppo approssimativo e generico, una sorta di saggezza popolare che prescindeva da prove empiriche. Forse la causa principale di quello scetticismo era che non avevo alcun modello vivente. I pochi Neri che scrivevano sui giornali e le riviste che leggevo sembravano decisi a mettere la maggior distanza possibile fra se stessi e gli altri Neri. Io non ero cosí. Ero scettico nei confronti del dono, ma non nei confronti della mia gente. Arrivai a considerare il mio mestiere – scrivere articoli lunghi, o nuovo giornalismo – come un processo scientifico che, se condotto in modo corretto, doveva necessariamente rivelare la verità. Per qualche tempo concepii l'esercizio di quella scienza come una pratica individuale, appartata e solitaria, volta alla ricerca della verità. E poi mi trovavo in redazioni dove, per la prima volta nella mia vita, ero spesso un unicum, in redazioni dove non avevo colleghi Neri. Pensavo di poter restare un'eccezione, ma col senno di poi mi rendo conto che le parti del mio pensiero che si sono consolidate di piú sono quelle maggiormente in accordo col pensiero delle persone che mi circondavano, mentre quelle che ho faticato di piú a mantenere sono quelle che non lo erano. Nella foga giovanile, pur di approdare sulle pagine di giornali e riviste, ho scritto un sacco di roba di cui poi mi sono pentito, un sacco di roba che aveva un tono saccente da bastian contrario, un sacco di prosa meschina. E anche quando sono maturato, mi sono accorto che i miei vecchi istinti erano ancora lí. Dal punto di vista tecnico ero cresciuto, ma la mia visione del mondo restava molto angusta. Intorno a me non c'era nessun giornalista o redattore palestinese. Mentre c'erano molti giornalisti, redattori ed editori che credevano nella nobiltà del sionismo e avevano scarsa considerazione per le sue vittime, o semplicemente non riuscivano a vederle.

Vittime del sionismo. Ancora oggi, dopo tutto quello che ho visto, la mia penna esita mentre vi scrivo questo. Sono di nuovo a New York, sto bevendo il mio caffè mattutino, in sottofondo c'è Joan Armatrading – «Sei con noi o contro di noi? Stiamo cercando di arrivare da qualche parte» – e proprio come laggiú, un bel sole splende in un cielo senza nubi. Sono a casa da un anno, ma a volte sogno ancora di essere in Palestina. Alcuni di quei sogni sono piacevoli: mi sento in pace in cima alla collina a Sakiya, imbottisco di falafel verdi un ka'ak al-Quds appena sfornato, percepisco la calca e l'energia di Ramallah, sorrido a una bambina di Tuba che vuole fare pratica di inglese. Quindi, se la mia penna esita, come è giusto che sia, è perché essere palestinesi è qualcosa di piú che essere vittime del sionismo. E poi c'è un'altra cosa.

Il sionismo è nato come risposta a un'oppressione che conosco molto bene. Leggo uno dei primi sionisti, Moses Hess, che dice di appartenere a «un popolo infelice, calunniato, abbandonato e disperso, ma non annientato» e sento i profeti del nazionalismo Nero, la lotta nel cui seno sono nato, la lotta di Garvey e Malcolm, la lotta che mi ha dato il nome che porto. «I nasi ebrei non vengono riformati, – diceva Hess al suo popolo, – e i capelli neri e crespi non potranno trasformarsi in biondi, né potranno venire lisciati da continue acconciature». Riguardo ai tentativi di integrarsi da parte degli ebrei tedeschi, Hess si mostrava alquanto scettico:

> Mettetevi mille maschere, cambiate nome, religione e costumi, viaggiate per il mondo in incognito, cosí che la gente non possa riconoscere in voi un ebreo: tuttavia, ogni insulto al nome ebraico vi colpirà, persino piú che a un uomo pio pervaso dallo spirito di solidarietà giudaico e che combatte per l'onore del nome ebraico.

Quest'ultima parte, «l'onore del nome ebraico», mi era ben nota. Molto di quel che avevo visto in quei dieci giorni sembrava riguardare proprio quello. L'onore. Anche il luogo comune «Israele ha il diritto di difendersi» assumeva un senso diverso se si riferiva a un popolo che cosí spesso era stato fatto ballare per divertire i suoi assassini. Jabotinskij aveva messo in guardia:

> Stupida è la persona che crede al suo vicino per quanto possa essere buono e ben disposto; stupida è la persona che confida nella giustizia. La giustizia esiste solo per chi è capace di ottenerla a forza di pugni e testardaggine. [...] Non credete a nessuno, state sempre in guardia, portate sempre con voi il vostro bastone. È questo l'unico modo per sopravvivere nella ferina battaglia di tutti contro tutti.

Era il 1911. Quarant'anni dopo, l'Occidente sarebbe rimasto a guardare mentre un terzo del popolo ebraico veniva incenerito. Penso alla collera che devono aver provato i sopravvissuti alla Shoah, alla rabbia verso i loro oppressori, verso chi era rimasto a guardare, e infine verso l'impulso umanistico che aveva fatto loro credere che a qualcuno sarebbe importato. Vi ritrovo la stessa collera che provo io quando al mio popolo bistrattato viene detto di porgere l'altra guancia. Mi ritrovo in Moses Hess che inveisce contro la «maschera» dell'assimilazione.

Israele è per me una sorta di versione alternativa della storia, in cui tutti i nostri sogni alla Garvey si siano realizzati. Un mondo il cui credo è «Up Ye Mighty Race». Il cui inno è *Redemption Song*. Dove la bandiera rossa nera e verde sventola sopra scuole, ambasciate e colonne di grandi eserciti. Dove Martin Delany è un eroe e il 21 febbraio una giornata di lutto nazionale. Questo era il sogno – l'Africa mitica a cui mio padre non può piú fare ritorno. E credo sia meglio cosí, perché se mai quell'Africa mitica passasse dall'immaginazione alla realtà, tremo al pensiero di quel che perderemmo pur di costruirla e difenderla.

Ciò che avevo visto nella Città di David mi era talmente familiare: la ricerca di un'identità in un passato epico, mitico, pieno di re e santificato da una scientificità approssimativa. Perciò forse non c'è da sorprendersi se, cosí come io vedevo qualcosa di familiare nel sionismo, il sionismo vedeva qualcosa di familiare in me. Scriveva Herzl:

> C'è ancora un'altra questione derivante dal disastro delle nazioni che rimane irrisolta fino a oggi, e la cui profonda tragedia solo un ebreo può comprendere. Questa è la questione africana. Basta ricordare tutti quei terribili episodi della tratta degli schiavi, di esseri umani che, solo perché erano neri, venivano rubati come bestiame, fatti prigionieri, catturati e venduti. I loro figli sono cresciuti in terre straniere, oggetto di disprezzo e ostilità perché la loro carnagione era diversa. Non mi vergogno di dire, anche se potrei espormi al ridicolo per il fatto di dirlo, che una volta assistito alla redenzione degli ebrei, il mio popolo, desidero anche assistere alla redenzione degli africani.

E quella di Herzl non era una voce isolata. Golda Meir strinse legami con diversi Stati africani appena liberati e denunciò a gran voce l'apartheid. Nel 1964, si trovava in veste di ministro degli Esteri alle cascate Vittoria dal lato appartenente allo Zambia, e fu invitata dal governo suprematista bianco della Rhodesia (oggi Zimbabwe) ad attraversare la frontiera. Rifiutò. A quanto pare, credeva davvero che il razzismo contro gli africani Neri fosse sbagliato. Eppure c'è sempre stato chi non vedeva in Meir e nel suo paese un esempio di egualitarismo. «Hanno tolto Israele agli arabi che vivevano lí da mille anni, – dichiarò nel 1961 il primo ministro sudafricano Hendrick Verwoerd. – In questo, sono d'accordo con loro. Israele, come il Sudafrica, è uno Stato in cui vige l'apartheid».

L'accusa di aver instaurato un regime di apartheid è sempre stata respinta dai sionisti, che la considerano in contrasto con la natura stessa di uno Stato ebraico nato dai traumi subiti dal suo popolo. La natura intrinsecamente antirazzista della missione di Israele ricorre nelle parole dei suoi leader, da David Ben Gurion («Un ebreo non può essere a favore della discriminazione») a Shimon Peres («Un ebreo che accetta l'apartheid smette di essere un ebreo») a Benjamin Netanyahu («Per il popolo ebraico, l'apartheid è un assoluto abominio. Un'espressione della piú crudele disumanità. Israele farà tutto il possibile per eliminare questo sistema odioso»). Ma tale retorica non regge alla prova dei fatti.

Nel 1974, quando Meir era diventata primo ministro, «Haaretz» cominciò ad attingere alle radici piú tenebrose del razzismo bianco pubblicando una caricatura dei leader africani ritratti come cannibali che divoravano i politici israeliani mentre Meir danzava con un uomo africano. Quello stesso anno, Meir – un tempo inorridita dal razzismo bianco in Africa – spedí a Pretoria il ministro della Difesa Shimon Peres. Al suo ritorno a Tel Aviv, Peres ringraziò i governanti che lo avevano ospitato, sottolineando che «i nuovi legami che ci avete aiutato a forgiare tra i nostri due paesi porteranno una stretta comunanza di intenti, di duraturo beneficio per entrambi».

E fu esattamente ciò che accadde. I funzionari israeliani diedero inizio a un redditizio traffico d'armi col Sudafrica, potenziarono la sua aeronautica militare e tennero riunioni annuali congiunte di intelligence. Dal canto loro, i funzionari sudafricani invitavano i loro corrispettivi israeliani a battute di caccia, ne apprezzavano il sostegno alla discussa politica dei «bantustan» e si confrontavano con loro sui modi migliori per privare un popolo delle sue libertà. Nel 1977 Constand Viljoen, il comandante in capo dell'esercito sudafricano, si meravigliava per l'efficienza dei posti di blocco israeliani nei territori occupati. «La scrupolosità con cui Israele conduce questi controlli è stupefacente, – osservò. – Come minimo, trattiene per un'ora e mezza ogni singolo arabo. E quando c'è molta ressa, si arriva a quattro o cinque ore».

Nel periodo in cui, alla fine degli anni Settanta, divenne primo ministro Menachem Begin, nessun altro paese comprava piú armi israeliane del Sudafrica. I soldi per quelle armi provenivano dal saccheggio dei sudafricani neri privati dei loro diritti, e venivano usati per finanziare l'ordine sionista che a sua volta privava i palestinesi dei loro. Quando finalmente, alla metà degli anni Ottanta, le pressioni internazionali costrinsero Israele a recidere almeno ufficialmente i legami col Sudafrica, l'establishment della sicurezza nazionale fu preso dal panico. «Un cambiamento della politica di esportazione nell'ambito della sicurezza comporterà il licenziamento di decine di migliaia di lavoratori, – avvertiva il ministro della Difesa Yitzhak Rabin. – Con la presente vi comunico che non troveranno un'opportunità alternativa».

Silenziosamente, Israele colse il messaggio. Pur dando mostra di prendere le distanze dal Sudafrica, continuò a commerciare, fino alla caduta dell'apartheid. Fra le ultime questioni dibattute; la produzione e l'utilizzo di armi chimiche e biologiche. Nel complesso, fra il 1974 e il 1993 la media delle esportazioni annue totali da Tel Aviv a Pretoria si aggirava sui seicento milioni di dollari. Nel corso di tutti quegli anni cruciali, Israele non fu solo un alleato del Sudafrica, ma il vero e proprio arsenale dell'apartheid.

Questa partnership non era frutto solo di realpolitik, ma di una vera affinità elettiva. Durante la Seconda guerra mondiale, il politico afrikaner John Vorster aveva insistito perché il suo paese entrasse in guerra a fianco della Germania nazista, nonostante i legami storici del Sudafrica col Regno Unito. «Noi siamo per il nazionalismo cristiano, che è alleato del nazionalsocialismo, – dichiarò. – In Italia si chiama fascismo, in Germania nazionalsocialismo e in Sudafrica nazionalismo cristiano». Nel 1976 Vorster era primo ministro del Sudafrica, che a quel punto aveva stretto profondi legami con Israele. Quell'anno fu ricevuto come ospite nell'indimenticabile santuario del dolore e del lutto ebraico, lo Yad Vashem.

In Israele ci furono dissidenti che videro in quella visita un tradimento del sionismo. Arthur Goldreich aveva combattuto nella guerra del 1948 che aveva portato alla nascita di Israele. Ma in quanto ebreo sudafricano conosceva bene il male che Vorster incarnava. Per protestare contro la visita del primo ministro, si mise ad attaccare ai pali del telefono manifesti che definivano Vorster un nazista. La sua protesta fu interrotta da un uomo anziano che aveva tatuato sul braccio il numero di Auschwitz. Goldreich pensava che l'uomo gli avrebbe espresso la sua solidarietà. Invece sputò sul manifesto e disse: «Scenderemo a patti anche col diavolo pur di salvare gli ebrei dalla persecuzione e assicurare un futuro a questo Stato».

Ma la sicurezza di Israele non richiedeva solo di scendere a patti con l'apartheid – richiedeva che Israele stesso praticasse l'apartheid. I paladini di Israele sostengono che l'accusa di apartheid, come quella di colonialismo, è frutto di un accanimento pregiudiziale contro l'ultimo baluardo del popolo ebraico. I gruppi per la difesa dei diritti umani dissentono, e si richiamano alla definizione del termine secondo il diritto internazionale: «atti disumani volti a stabilire e mantenere il predominio di un gruppo razziale su un qualunque altro gruppo razziale e a opprimerlo in modo sistematico».

Tale definizione si attaglia alla perfezione a quello che ho visto sul terreno nel corso del mio viaggio. Inoltre, e cosa forse piú importante, gli stessi leader di Israele considerano da tempo l'apartheid come una possibile opzione. Nel 2007 il primo ministro Ehud Olmert avvisava che, in mancanza di una «soluzione a due Stati», Israele si sarebbe trovato a «fronteggiare una lotta di tipo sudafricano per equi diritti elettorali». E secondo lui l'esito di quella lotta sarebbe stato fosco: «la fine dello Stato di Israele». Tre anni dopo, Ehud Barak, all'epoca ministro della Difesa di Netanyahu, lanciò questo avvertimento:

> Finché in questo territorio a ovest del fiume Giordano ci sarà un'unica entità politica chiamata Israele, sarà o non ebraica o non democratica. E se questa massa di milioni di palestinesi non potrà votare, sarà uno Stato fondato sull'apartheid.

Ripenso alla mia visita allo Yad Vashem e a quando ho contemplato il Libro dei Nomi. Ripenso a quando mi sono sentito su un nastro trasportatore del tempo. E penso a John Vorster in quello stesso luogo. Lo vedo posare una corona di fiori coi colori del suo paese davanti a un memoriale per le vittime della Shoah. E vedo quello che era letteralmente lo stendardo del suprematismo bianco trovare posto su un monumento a sei milioni delle sue vittime.

Il legame è il colonialismo, la cui essenza è sempre stata un cinismo razzista, la convinzione che non solo il mondo sia un posto selvaggio, ma che i piú pericolosi fra i selvaggi tendano a vivere oltre i confini dell'Occidente. Il sionismo – che fin dal principio ha preteso di essere «un avamposto della civiltà contro la barbarie» – non ha mai rinnegato tali principî. Lo storico israeliano Benny Morris è stato elogiato per il suo tentativo di guardare alla storia del sionismo in modo chiaro e onesto. Se solo riuscisse a guardare in modo altrettanto chiaro alle vittime del sionismo. In un'intervista rilasciata nel 2004 a «Haaretz», Morris ha definito i palestinesi «barbari che vogliono toglierci la vita», dichiarando che c'era un unico modo per contrastare quella minaccia: «Bisogna costruire per loro una sorta di gabbia. [...] C'è un animale feroce che in un modo o nell'altro dev'essere rinchiuso». Interrogato sul destino di coloro che sarebbero stati «rinchiusi», Morris ha risposto con una scrollata di spalle, evocando con tono di approvazione un genocidio: «Anche la grande democrazia americana non sarebbe stata creata senza lo sterminio degli indiani».

Non ricordo bene quando, esattamente, nel corso della mia visita ho sentito per la prima volta la parola Nakba. Forse dopo che ci avevano fatto aspettare alla Porta dei Leoni. Forse mentre giravamo per il quartiere di Sheikh Jarrah a Gerusalemme Est, quando ho visto i cumuli di spazzatura buttata nei cortili delle famiglie palestinesi da coloni provenienti da Long Island. L'espressione, che significa «catastrofe», si riferisce in origine all'allontanamento nel 1948 di circa settecentomila palestinesi dalle loro case, e continua a essere usata per la pulizia etnica tuttora in corso di cui sono stato testimone nei miei dieci giorni di viaggio. Alla fine della mia visita ho capito che la Nakba è una cosa specifica, che esula da qualunque analogia con Jim Crow, il colonialismo o l'apartheid. Non si tratta solo dei poliziotti che sparano a tuo figlio, sebbene ci sia anche questo. Non si tratta solo di un progetto carcerario razzista, sebbene ci sia anche questo. E non si tratta solo di diseguaglianza di fronte alla legge, sebbene ci fosse anche questo ovunque guardassi. Si tratta piuttosto della cosa a cui servivano tutti quegli strumenti: il saccheggio della tua casa, un saccheggio continuo e assillante.

> Viviamo, se riusciamo a vivere, in un passato infantile, piantati in campi che sono stati nostri per centinaia di anni, fino a un momento fa, prima che l'impasto lievitasse e le caffettiere si raffreddassero...

La discordanza nelle parole di Mahmud Darwish fra i campi piantati e arati per secoli e una perdita che si misura invece in ore, se non in minuti, fa risaltare il dolore di quella spogliazione. Leggo queste parole e vedo un furto che è al tempo stesso vecchio e ancora in corso. Ma vedo anche l'intimità di quella perdita – i vicini sconfitti e le bandiere del vincitore a pochi passi da te. «Ciò che ti ferisce di piú, – scrive Darwish, – è che "là" sia cosí vicino a "qui"».

Il 9 aprile 1948, mentre combattevano per costituire uno Stato ebraico, alcune milizie sioniste conversero sul piccolo villaggio di Deir Yassin. L'avanzata era guidata dall'Irgun e dalla Lehi, una sua costola – due milizie note per assassinare i civili. La Lehi era apertamente razzista, e definiva gli ebrei «razza dominante» e gli arabi «razza schiava». Le milizie circondarono Deir Yassin, combatterono per tutta la giornata contro i difensori palestinesi del villaggio e, dopo essersene impadroniti, massacrarono almeno cento abitanti. La notizia della carneficina si diffuse rapidamente in tutte le comunità palestinesi, e favorí il tentativo delle milizie sioniste di espellere gli arabi e creare una «democrazia ebraica». Sono venuto a conoscenza di questa storia solo una volta tornato negli Stati Uniti, ma da quel luogo devo esserci passato diverse volte. Oggi quel che resta del villaggio è stato inglobato da Gerusalemme, e si trova non lontano dallo Yad Vashem.

La prossimità di quelle due località mi ha lasciato di stucco. Ho chiamato Sam Bahour, un palestinese-americano con cui avevo fatto amicizia a Ramallah, per esprimergli il mio stupore. – Lo fanno di continuo, – mi ha detto. Mi ha raccontato del Museo della tolleranza – un altro luogo della memoria a Gerusalemme, questa volta costruito direttamente sopra un cimitero musulmano. Sam non aveva mai esagerato o deformato i fatti parlandomi della Palestina, perciò quando mi ha raccontato del Museo della tolleranza sapevo che doveva essere vero, ma una parte di me si rifiutava di crederci. Però sono bastati pochi clic su un motore di ricerca per rivelarmi che aveva ragione. Ancora una volta la mia incredulità nasceva dalla speranza di trovare una via d'uscita da quel baratro tenebroso che avevo intravisto per la prima volta allo Yad Vashem. Un museo dedicato alla «tolleranza» costruito letteralmente sulle tombe delle vittime dell'occupazione spazza via quella speranza. Ma nelle tenebre c'è una luce.

Nelle prime settimane dopo il mio ritorno dalla Palestina, ho cercato di tenere a distanza lo Yad Vashem da Israele, coi suoi echi di suprematismo bianco, le sue radici coloniali, le sue politiche di apartheid. Quella distanza mi serviva. Mi permetteva di aggrapparmi a qualcosa di puro nella sofferenza. Sapevo che alcuni sionisti evocavano l'Olocausto per giustificare la repressione dei palestinesi. E avevo visto Ben Gurion al fondo della Sala del Ricordo. Ma pur dopo tutto quel che avevo visto, non volevo rinunciare al mio arco narrativo, al mio cerchio, a una storia con una geometria perfetta. E poi ho saputo della visita di Vorster, e che un memoriale al genocidio era stato costruito a pochi passi dal luogo di un massacro che aveva reso possibile quel memoriale, e l'arco si è deformato e il cerchio si è spezzato.

Ho cominciato a sentirmi ossessionato da tutto ciò che in Palestina mi era sfuggito. Pensavo a tutte le cose che avevo intravisto ma non compreso in modo abbastanza approfondito da poterne scrivere. E a questo si aggiungeva una cosa sorprendente: una sincera nostalgia per la Palestina, non solo come giornalista, ma come essere umano. Pensavo a quel che avevo provato a Sakiya, e che non avevo mai provato prima. Pensavo a quando avevo passeggiato per Ramallah insieme alla grande giornalista Amira Hass. Pensavo a Ali Awad a Tuba. Pensavo a Batan al-Hawa, agli occhi dipinti sulle case sulla collina, e a come scrutavano la Città di David. Pensavo a Tania Nasr, che l'ultima sera del festival aveva cantato per tutti noi. Qualche giorno dopo ero andato a trovarla. Mi aveva raccontato la sua vita, com'era cresciuta a Ramallah ed era stata spesso a Giaffa, da dove era stata scacciata la sua famiglia. Aveva preparato un caffè arabo, mi aveva offerto dei biscotti ripieni di datteri e poi aveva evocato un mondo perduto:

> Ero la primogenita. Perciò le mie zie mi portavano in spiaggia. Ho delle fotografie, poi te le faccio vedere. Ricordo che camminavo sulla sabbia cercando piccoli granchi fra gli scogli. Ricordo che raccoglievo conchiglie. Poi le mie zie le usavano per farci delle collane. Mi chiamavano «la piccola hawaiana», mi facevano indossare delle gonnelline, cose cosí. Ma quando sono tornata alla spiaggia, sono scoppiata a piangere. È stata la vista dell'acqua, credo.

Allora ho capito che questi dieci giorni, queste parole che scrivo, erano un inizio, non una fine. E mi si è anche chiarito che ero andato in Palestina, com'ero andato in Senegal, per trovare risposte alle mie domande, e cosí non avevo pienamente visto le persone per quelle che erano. Forse per questo continuavo a pensare a Deir Yassin. Avevo passato cosí tanto tempo a riflettere sulla forza e l'importanza dello Yad Vashem, e non sapevo nulla di quel massacro cosí vicino a quel luogo di lutto. Sentivo che mi stavo ancora risvegliando, sento che mi sto ancora risvegliando, sto ancora cercando le parole giuste, sto ancora tentando di vedere un popolo la cui oppressione si fonda sulla sua cancellazione. E non potevo concludere cosí questa storia.

Quando stavo lavorando a *Un conto ancora aperto*, per me era importante non solo mettere a punto un'argomentazione tecnica o storica, ma anche lasciare che i viventi parlassero per se stessi, cosí che si comprendesse come il saccheggio contro cui inveivo non fosse solo un residuo del passato. Il punto era portare chi leggeva il piú vicino possibile al crimine commesso, diradare la bruma degli anni e fare chiarezza attraverso le parole di chi era stato testimone. Ma c'era anche qualcos'altro: il mio profondo bisogno di ascoltare quelle parole con le mie orecchie, di conoscere in prima persona quello che ero arrivato a sospettare attraverso libri, giornali e documenti. E anche per questo atto di risarcimento sentivo quello stesso bisogno, il bisogno di ascoltare con le mie orecchie.

E cosí, attraverso una serie di intermediari palestinesi, mi sono messo in contatto con Hassan Jaber, che aveva tredici anni quando le milizie della Lehi e dell'Irgun avevano attaccato la sua casa a Deir Yassin. Mr Jaber – cosí sentivo di doverlo chiamare – abitava negli Stati Uniti, mi avevano detto, ed era disposto a parlarmi di persona a casa sua a Orland Park, una cittadina alla periferia di Chicago. Dovevo andarci. Stavo ancora pensando allo Yad Vashem e a tutto ciò di cui ero stato testimone. E dopo aver saputo di Deir Yassin, pensavo di non essere stato testimone della storia nella sua interezza, e che quella storia si fosse conclusa in un luogo troppo facile, troppo confacente al progetto di Stato di cui, ritenevo adesso, lo Yad Vashem faceva il gioco. E pensavo a Clyde Ross, Mattie Lewis e Ethel Weatherspoon. Erano passati dieci anni da quando ero andato a Chicago a parlare con quelle vittime di un diverso progetto demografico, e le loro parole erano diventate la spina dorsale di *Un conto ancora aperto*.

Un pomeriggio di maggio, io e mia moglie abbiamo preso un aereo per andare a trovare Mr Jaber. Ma la nostra prima tappa è stata la casa di Dina Elmuti-Hasan, che ci aveva messo in contatto con lui. Anche la nonna di Dina, Fatima Radwan, era una sopravvissuta del massacro di Deir Yassin, e lei aveva passato anni a registrare le storie che la nonna le raccontava. Dina e suo marito Gaith ci hanno dato il benvenuto nella loro casa. Ci hanno offerto un caffè con knafeh caldi – i tradizionali dolci mediorientali di pasta sfoglia, formaggio e sciroppo. Il loro figlio di cinque anni ci ha fatto vedere la sua impressionante collezione di modellini Lego: un'astronave, l'Empire State Building, al-Aqsa. Poi Dina e Gaith ci hanno illustrato i diversi modi in cui i loro vari familiari erano arrivati dalla Palestina in America, e il dedalo burocratico che dovevano affrontare ogni volta che tornavano a trovare i parenti. Ero interessato a ogni minimo dettaglio, perché non mi fidavo piú dell'immagine che le piú accreditate fonti informative statunitensi collegano alla parola «palestinesi». Per me è doloroso ammetterlo, perché anch'io faccio parte di quel mondo, perché ci ho creduto e perché credo di aver appena cominciato a farmi delle domande.

La casa di Mr Jaber era a soli cinque minuti di macchina. La nipote Sawsan, che aveva accettato di farci da interprete, ci aspettava sulla porta. Aveva una carnagione marrone scuro. Ci ha sorriso mentre ci avvicinavamo, ma quando ha parlato aveva nella voce una forza che mi ha ricordato le mie insegnanti delle medie, consapevoli che una parte fondamentale del loro lavoro consisteva nel farti capire che non stavano scherzando. Siamo entrati ed ecco Mr Jaber: arzillo e sorridente, con gli occhiali e una camicia azzurra a quadretti. Ci ha fatto accomodare in salotto e siamo rimasti ad ascoltarlo mentre ripercorreva la sua vita per noi. Ha ricordato Deir Yassin com'era stata un tempo, i prodotti agricoli – fichi, prugne, uva e mele – e il forte legame della sua gente con la terra, un legame che lui manteneva per mezzo del giardino fuori dalla sua casa. Ha ricordato le sei sorelle e i cinque fratelli, il padre, che al tempo della battaglia era già morto, e la madre, Jamilah, vedova, che quella mattina era uscita con gli uomini a difendere il villaggio. Sawsan ci ha fatto vedere una foto sul telefono: Jamilah, la sua bisnonna, in hijab bianco, dietro un terrapieno, con un fucile in mano.

Per lui era importante che io capissi la situazione difficile in cui si erano trovati: pur essendo in minoranza numerica e dotati di minore potenza di fuoco, avevano combattuto fino all'ultima pallottola. Per Mr Jaber era importante che io capissi che lui e suo fratello erano stati bendati e portati davanti a un plotone d'esecuzione. Mi ha raccontato che lui era troppo giovane per combattere, e che, quando la battaglia sembrava ormai perduta, lo avevano incaricato di portare in salvo fuori dal villaggio le due sorelline, di tre e cinque anni. Né a lui né a nessun altro dei sopravvissuti di Deir Yassin era mai venuto da pensare che quello fosse l'inizio di un esodo, che un nuovo Stato – uno Stato di cui loro non erano destinati a far parte – sarebbe sorto sulle loro case. Mi ha detto: – Non ci aspettavamo che per settantasei anni saremmo rimasti lontani, senza poterci tornare... Settantasei anni.

In quei settantasei anni Mr Jaber aveva attraversato la mappa del Medio Oriente e poi delle Americhe: Ain Karem, Gerusalemme, Gerico, Brasile, di nuovo Gerusalemme, Porto Rico e infine gli Stati Uniti. Si era fatto una famiglia e si era arricchito commerciando oro e argento. Adesso aveva centocinquanta discendenti, tra figli, nipoti e pronipoti, a cui aveva trasmesso i suoi racconti e la salda convinzione che non sarebbero stati dimenticati. – Penso alla mia infanzia, – ci ha detto Sawsan. – Ci chiamava tutti a sé, tutti i suoi nipoti, e ci ripeteva che la nostra liberazione passava attraverso l'istruzione, e che non dovevamo dimenticare. Perché quando la Palestina era stata colonizzata dicevano che loro sarebbero invecchiati e i loro figli avrebbero dimenticato.

Abbiamo salutato Mr Jaber e seguito Sawsan fino a un ristorante mediorientale a qualche chilometro di distanza, nell'hinterland di Chicago, per un ritrovo di amici e colleghi palestinesi – attivisti, insegnanti e avvocati. Abbiamo ordinato fattush, yalanji, qubbah e hummus. Un uomo in kefiah continuava a servirci caffè arabo – come quello che avevo bevuto a casa di Tania a Birzeit. Ogni mezz'ora circa la musica si alzava e tutti cantavano insieme per celebrare un compleanno o qualche altra ricorrenza. Sawsan continuava a scusarsi per quei festeggiamenti. Ma il cibo, le canzoni, il caffè, l'intera giornata, tutto l'insieme mi trasmetteva una sensazione di ritorno a casa, anche se la casa non era la mia. Non ero tornato in Palestina, ma quel giorno avevo trovato qualcosa che laggiú non ero riuscito a trovare. In Palestina mi spostavo sempre con qualche guida, passavo sempre attraverso qualche intermediario. Lí invece avevo ritrovato un aspetto che mi è sempre piaciuto del fare ricerca sul campo, del vedere mondi che non sono il mio: provavo una sensazione di evanescenza. Quando non c'è nessuno a tenermi per mano e guidarmi, e posso osservare le persone che seguono le proprie usanze, impegnate nelle loro piccole conversazioni, mi sembra di scomparire.

Il gruppo parlava di politica in un tono di complicità – allo stesso modo in cui parla la mia gente quando non ci sono bianchi intorno. Anche solo per questo, avrei evitato di riferire i loro nomi. Ma quando ho chiesto se potevo scrivere di quel momento, loro hanno insistito perché invece li menzionassi, dicendo che, in quanto palestinesi, erano stati per troppo tempo privi di un nome. Erano Deanna Othman, Noor Ali e Tarek Khalil. Tarek mi ha illustrato le esasperanti contraddizioni della legislazione israeliana. Il marito di Deanna era di Gaza, e lei mi ha spiegato quant'è difficile attraversare l'Egitto ed entrare a piedi a Gaza dal varco di Rafah per andare a trovare la famiglia. Mi ha detto che ora insegna in una scuola dove quasi tutti i ragazzi sono palestinesi, e che fa sempre leggere *Un conto ancora aperto*. Ha detto: – I ragazzi mi chiedono sempre: «Sí, però quella parte su Israele?» E io mi limito a rispondere: «Be', nessuno è perfetto» –. Che altro potevo fare, se non ridere.

Piú tardi abbiamo parlato ancora, e ho scoperto che, oltre a insegnare, Deanna è anche lei una giornalista, laureata alla Medill, una delle scuole di giornalismo piú prestigiose del paese. È uscita dalla Medill con le speranze e i sogni di una laureata con lode, ma ha scoperto che era impossibile fare carriera come giornalista palestinese senza voltare le spalle alla Palestina. Intendeva il giornalismo, e la scrittura, come le intendo io – come una maniera di ridisegnare i confini del mondo. Alla Medill aveva sognato di sovvertire quelle categorie grazie al suo punto di vista di donna palestinese. Un punto di vista che, in tutta la mia carriera nel giornalismo, in tutte le redazioni in cui ho lavorato, in tutte le scuole dove ho insegnato, non ho mai avuto modo di incontrare. Mi ha raccontato dell'impossibilità di trovare un lavoro che le consentisse di scrivere come voleva, e dal modo in cui parlava ho capito che quel sogno frustrato non era solo per lei, ma per il suo popolo, perché anche lei era una rappresentante, anche lei era una portatrice, e anche lei aveva degli antenati.

Lo sappiamo di cosa si tratta, io e voi. La scrittura è uno strumento politico potente. Harriet Jacobs denunciò la violenza e lo stupro alle radici dello schiavismo nelle piantagioni. I reportage di Ida B. Wells fecero piazza pulita dei grotteschi miti sulla mostruosa mascolinità Nera che fungevano da giustificazione dei linciaggi. W. E. B. Du Bois sbugiardò la storiografia agiografica confederata di cui ci si serviva per tenere i Neri lontani dai seggi. Tutto ciò è successo nonostante i tentativi concertati di negare agli scrittori Neri l'accesso alle principali riviste e case editrici, di devastare le loro scuole e biblioteche, di mettere fuori legge la stessa lettura e scrittura, impedendo cosí di utilizzare questo strumento che è non solo potente ma anche nonviolento. Questo è importante: se costretti a rispondere alla spada con la spada, o al fucile col fucile, gli schiavisti e i suprematisti bianchi potevano essere sicuri della vittoria, se non altro perché le grandi ricchezze garantivano loro un arsenale senza pari. Ma le regole della scrittura sono diverse, e la grande ricchezza non crea grandi scrittori piú di quanto crei grandi giocatori di basket. Una letteratura alimentata da un'esperienza umana profonda deve necessariamente bruciare con una fiamma alta, e cosí un «handicap materiale» si trasforma in un «vantaggio spirituale», consegnando nelle mani degli oppressi «quella che ha quasi le caratteristiche di un'arte classica», vale a dire il potere di assillare le persone, di commuoverle, e di allargare la cornice dell'umanità. Questo vale tanto per chi opera all'ombra della schiavitú quanto per chi opera all'ombra dell'apartheid.

Ma quel potere ha bisogno di una tribuna, cosí come una freccia ha bisogno di un arco. Non è un caso se per me l'ascesa nel mondo del giornalismo è coincisa con la mia assunzione da parte della rivista dotata di maggiori risorse fra tutte quelle per cui avevo lavorato. Il giornalismo americano ha di rado garantito simili risorse a giornalisti palestinesi – anzi, sembra per lo piú disinteressata a quel che hanno da dire. Nel 2020 la storica Maha Nassar ha passato in rassegna le riviste e i giornali nazionali per vedere quanto spazio veniva concesso ai giornalisti palestinesi, e ha scoperto che le pubblicazioni statunitensi preferivano scrivere sui palestinesi che permettere ai palestinesi di scrivere: nell'arco dei cinquant'anni che vanno dal 1970 al 2019, meno del 2 per cento di tutti gli articoli di opinione che parlavano di palestinesi avevano autori palestinesi. Nel caso del «Washington Post», la percentuale scendeva a un misero 1 per cento, mentre il «New Republic» in tutto quel periodo non aveva pubblicato un solo articolo sulla Palestina dal punto di vista dei palestinesi.

Non credo che si tratti di un complotto. Però, ed è questa la cosa piú importante, non penso che sia una coincidenza. Un sistema disumano necessita di esseri disumani, e quindi li produce in articoli, editoriali, notiziari, film e programmi televisivi. A redattori e giornalisti piace pensare di non far parte di questo sistema, di essere indipendenti, obiettivi, e di arrivare alle proprie conclusioni solo grazie ai propri reportage e alle proprie ricerche. Ma la Palestina che ho visto io somigliava cosí poco agli articoli che avevo letto, e cosí tanto ai sistemi che avevo conosciuto, da convincermi che, almeno in questo caso, l'obiettività è una pia illusione. Non è che gli articoli dicano delle falsità, anche se talvolta succede – si tratta piuttosto di quel che non viene detto: la passività, l'acquiescenza nei confronti della propaganda militare, il risalto dato alla complessità anche quando quel che accade è palesemente immorale.

Questo privilegiare la complessità invece della giustizia è un elemento essenziale del tentativo di forgiare una storia della Palestina raccontata solo dai colonizzatori, un tentativo che comprende la criminalizzazione dei boicottaggi da parte degli Stati americani, il respingimento di articoli da parte dei giornali, l'espulsione di studenti da parte delle università, l'allontanamento di conduttori di notiziari da parte delle reti televisive, l'uccisione di giornalisti da parte dei cecchini, gli attentati dinamitardi a romanzieri da parte dei servizi segreti. Nessun'altra storia se non quella che scagiona il furto può essere tollerata.

Ma altre storie ci *sono*, e noi che finanziamo l'apartheid siamo piú ignoranti per il fatto di non ascoltarle direttamente da narratori come Deanna. Lo so, ci sono un sacco di giornalisti che ritengono di possedere una sorta di magia artistica che consente loro di identificarsi con qualunque comunità al mondo e scriverne come se fosse la loro. Credo che questi giornalisti sopravvalutino il potere del loro talento e della loro intelligenza, e sottovalutino il modo in cui la saggezza matura nel tempo, fra le nazioni e i popoli, di generazione in generazione. Anche le mie parole qui, questo appello a un risarcimento, sono una storia narrata da un estraneo – da un uomo ancora abbacinato dagli knafeh e dal caffè arabo, ancora all'inizio di un itinerario che altri percorrono da quando sono nati. La Palestina non è casa mia. Vedo quella terra, i suoi popoli e le sue lotte attraverso una specie di traduzione – attraverso l'analogia, il velo della mia esperienza personale – e questo non basta. Se i palestinesi devono essere visti davvero, questo accadrà attraverso storie tessute dalle loro stesse mani – non da quelle dei loro saccheggiatori, e nemmeno da quelle dei loro compagni.

Mi sentivo fortunato a essere un estraneo quella sera in quel ristorante nell'hinterland di Chicago, ad ascoltare dalla voce dei palestinesi pensieri, idee, sogni, ambizioni che mi hanno quasi fatto sentire di nuovo in Palestina. Era un intero nuovo canone – davvero complesso, frastagliato, profondo, irriducibile a qualunque cerchio o arco perfetto. Questo canone trascende le mie analogie. Sfugge alle mie parole. Richiede nuovi messaggeri, che hanno il compito, come noi tutti, niente meno che di salvare il mondo.

Riferimenti bibliografici.

L'epigrafe a pagina 3 è tratta da James Baldwin, *Nessuno sa il mio nome*, traduzione di Giancarlo Cella e Vittorio Di Giuro, Fandango Libri, Roma 2024.

La poesia *Rinascita* di Sonia Sanchez citata a pagina 17 proviene dalla raccolta *Collected Poems*, Beacon Press, Boston (MA) 2021 [© 2022 by Sonia Sanchez. Reprinted with permission from Beacon Press, Boston, Massachusetts].

Alle pagine 4 e 7 si cita il brano *Lyrics of fury* testo e musica di Eric Barrier e William Griffin [© 1988 Emi Blackwood Music Inc, Eric B. & Rakim Music Inc. Subeditore per l'Italia: Emi Songs Edizioni Musicali Srl].

A pagina 10 si cita la canzone *Let the rhythm hit'em* testo e musica di Eric Barrier, William Griffin, Bob James [© 1990 Emi Blackwood Music Inc, Eric B. & Rakim Music Inc, Remidi Music, Universal Music Publishing MGB Limited. Subeditore per l'Italia: Emi Music Publishing Italia Srl, BMG Rights Management Srl].

Nota del traduttore.

Mi sono avvalso delle seguenti traduzioni, cui ho apportato talora alcune modifiche.

Ronen Bergman, *Uccidi per primo. La storia segreta degli omicidi mirati di Israele*, traduzione di Laura Tasso e Sara Crimi, Mondadori, Milano 2018.

Frederick Douglass, *Memorie di uno schiavo fuggiasco*, traduzione di Bruno Maffi, manifestolibri, Roma 2011.

Paulo Freire, *La pedagogia degli oppressi*, traduzione di Linda Bimbi, Edizioni del Gruppo Abele, Torino 2022.

Theodor Herzl, *Lo stato ebraico*, traduzione di Tiziana Valenti, il melangolo, Genova 2024.

Moses Hess, *Roma e Gerusalemme. L'ultima questione nazionale*, traduzione di Gianluca Giannini, Guida, Napoli 2002.

Vladimir Ze'ev Jabotinsky, *Il muro di ferro*, in Id., *Dialogo sulla razza e altri scritti*, a cura di Vincenzo Pinto, M&B Publishing, Milano 2003.

Audre Lorde, *La poesia non è un lusso*, in Id., *Sorella Outsider*, traduzione di Margherita Giacobino e Marta Gianello Guida, Meltemi, Milano 2022.

Benny Morris, *Vittime. Storia del conflitto arabo-sionista 1881-2001*, traduzione di Stefano Galli, Rizzoli, Milano 2023.

Toni Morrison, *L'occhio piú azzurro*, traduzione di Luisa Balacco, Pickwick, Milano 2018.

William Shakespeare, *Amleto*, traduzione di Paolo Bertinetti, Einaudi, Torino 2019 [si veda a pagina 133 la citazione: «fa troppi giuramenti, mi pare»].

William Shakespeare, *Macbeth*, traduzione di Paolo Bertinetti, Einaudi, Torino 2016.

Ari Shavit, *La mia Terra Promessa. Israele: la storia e le contraddizioni di un paese in guerra per la sopravvivenza*, traduzione di Paolo Lucca, Sperling & Kupfer, Milano 2014.

Timothy Snyder, *Terra nera. L'Olocausto fra storia e presente*, traduzione di Roberta Zuppet, Rizzoli, Milano 2015.

Barbara W. Tuchman, *Uno specchio lontano. Un secolo di avventure e di calamità: il Trecento*, traduzione di Giovanna Paroni, Neri Pozza, Vicenza 2020.

Indice

Certificato PEFC
Questo prodotto è realizzato con materia prima da foreste gestite in maniera sostenibile e da fonti controllate
PEFC/18-31-226
www.pefc.it

Einaudi garantisce la gestione sostenibile delle risorse forestali e usa carta HOLMEN certificata PEFC con fibra vergine proveniente da foreste sostenibili
www.holmen.com/paper

GRAFICA VENETA CARBON NEUTRAL

Questo libro è fabbricato da Grafica Veneta S.p.A.
con un processo di stampa e rilegatura certificato 100% carbon neutral
in accordo con PAS 2060 BSI

Stampato per conto della Casa editrice Einaudi
presso Grafica Veneta S.p.A. - Stabilimento di Trebaseleghe (Pd)
nel mese di maggio 2025

C.L. 26868

Ristampa						Anno			
0	1	2	3	4	5	2025	2026	2027	2028